金苑文库

浙江金融职业学院中国特色高水平高职学校建设系列成果

基于排队模型的多技能
呼叫中心人力需求问题研究

李春艳　孙春晓　著

ZHEJIANG UNIVERSITY PRESS
浙江大学出版社
·杭州·

图书在版编目(CIP)数据

　基于排队模型的多技能呼叫中心人力需求问题研究 /
李春艳,孙春晓著. —杭州:浙江大学出版社,2022.11
　ISBN 978-7-308-23330-9

　Ⅰ.①基… Ⅱ.①李…②孙… Ⅲ.①呼叫中心－企业管理－
人力资源管理－研究 Ⅳ.①F626.3

中国版本图书馆 CIP 数据核字(2022)第 226181 号

基于排队模型的多技能呼叫中心人力需求问题研究
李春艳　 孙春晓　 著

责任编辑	杨　茜	
责任校对	许艺涛	
封面设计	周　灵	
出版发行	浙江大学出版社	
	（杭州市天目山路 148 号　 邮政编码 310007）	
	（网址:http://www.zjupress.com）	
排　　版	浙江时代出版服务有限公司	
印　　刷	广东虎彩云印刷有限公司绍兴分公司	
开　　本	710mm×1000mm　 1/16	
印　　张	12.5	
字　　数	171 千	
版 印 次	2022 年 11 月第 1 版　 2022 年 11 月第 1 次印刷	
书　　号	ISBN 978-7-308-23330-9	
定　　价	68.00 元	

前　言

随着互联网的普及和信息技术的飞速发展与广泛应用,人类社会已从工业经济时代进入到电子商务时代。全球经济一体化进程不可逆转,企业市场竞争日趋激烈,各个企业都在寻求新的客户服务方式及相关的营销解决方案。进一步提高客户服务水平、维护老客户、拓展新客户,不断提高客户满意度和忠诚度,保持业务成交量持续增长和扩大市场份额,已成为企业的一项重要工作。放眼全球,无论是通用电器、沃尔玛这样的跨国企业巨头,还是国内名不见经传的小企业,对客户以及客户服务的重视程度都达到了前所未有的高度。

作为当前世界范围内企业客户服务和营销的主要工具,呼叫中心最初是从航空旅游服务行业演变而来的,因为该行业拥有集中式的电话预订系统和预订中心。当大规模、高容量的电话程控交换机诞生后,随之而来的是呼叫中心在金融业、电信业及电话营销公司的广泛应用,并由此迅速形成了呼叫中心产业。举例来说,如今在美国,客户购买的任何一种产品的包装上,基本上都印有该产品生产企业的800客户服务电话。

从学术上说,呼叫中心是为了客户服务、市场营销、技术支持和其他的特定商业活动而接收和发出呼叫的一个实体。通俗而言,呼叫中心就是在一个相对集中的场所,由一批服务营销人员组成的服务营销机构。呼叫中心通常会利用计算机通信技术,处理来自顾客的电话垂询,不仅具备同时处理大量来电的能力,还具备主叫号码显示功能,可将来电自动分配给具备相应技能的人员处理,并能记录和储存所有来电信息。一个典型的以客户服务为主的呼叫中心兼具呼入与呼出功能,在处理顾客的信息查询、咨询、投诉等业务的同时,可以开展顾客回访、满意度调查等呼出业务。对于任何一个企业来说,选择应用呼叫中心主要基于三个原因:其一,期望能为顾客提供更好的服务;其二,减少和降低运营管理成本。其三,在公司的整个营销环节中利用呼叫中心实现某些功能。

经过 20 多年的发展,目前,呼叫中心已经在国内的电信、金融、政府及公共事业等行业得到了广泛的应用。作为一个市场热点,企业级呼叫中心的建设需求在过去的几年中呈现放量增长态势,全面爆发。

随着信息化大数据时代的到来,呼叫中心已经与人们的日常生活息息相关。政府、社会服务部门和企业通过呼叫中心与顾客之间架起了沟通的桥梁。随着科技的进步,呼叫中心产业迅速发展,多技能成为现代呼叫中心的主要特点。任何呼叫中心都希望在达到一定的顾客满意度的前提下把运营成本降到最低,运营成本中最大的部分即人力成本,而计算出最优的人力需求量可以大大降低人力成本,因此,人力需求计算问题成为呼叫中心最关心的问题之一。人力需求计算的研究内容为在已知话务量的前提下,计算要达到一定服务水平需要的不同技能座席人员的数量。本书主要针对 N 型和 M 型多技能呼叫中心的人力需求计算问题进行研究,主要有以下四个方面:

首先,分析了 N 型和 M 型多技能呼叫中心的排队系统模型。提出了新的状态空间划分方法,利用每个座席组所处的不同状态,将系统的无穷多个状态划分成几个有限的状态集合,给出了状态集转移图,求出了状态集转移率,建立了系统的平衡方程并求出了状态集的稳态概率,基于以上结果进一步求出了系统服务水平的计算公式,并给出了数值算例进行分析。

其次,研究了 N 型和 M 型多技能呼叫中心的人力需求计算问题。利用服务水平的计算公式,建立了求解最优座席数目的人力需求计算模型,此模型是一个非线性整数规划问题。结合模型本身的特点,采用隐枚举法,利用 MATLAB 软件编程,对模型进行了求解。通过数值算例验证了方法的可行性,分析了系统中参数的不同取值对结果的影响,并且进一步进行了实例分析。

再次,研究了带有不耐烦顾客的 N 型和 M 型多技能呼叫中心人力需求问题。将顾客的不耐烦特性在模型中加以考虑是十分必要的,本书利用排队模型法求出了系统的性能指标和服务水平计算公式。进一步建立了人力需求计算模型,并将模型推广到了多种电话类型和多个座席组的一般情况,采用了一种启发式算法,即蚁群算法对模型进行求解,给出了算法过程,并用 MATLAB 软件编程,通过数值算例进一步分析了不耐烦因素对整个系统的影响,并进行了实例分析。

最后,分析了带有排队信息提示的 N 型和 M 型多技能呼叫中心,即当顾客到达时通知顾客需要排队等待的时间。模型中有两种类型的电话到达,给出了在顾客耐心无限的情况下两种类型电话等待时间的计算公式;进一步研究了带有不耐烦顾客的情况,并基于马尔科夫链的方法,给出了等待时间的计算方法,通过数值算例分析了增加排队信息提示对系统人力需求的影响。

本书主要的创新性成果有:给出了 N 型和 M 型多技能呼叫中心服务水平的解析计算公式,建立了可以求出每个座席组最优座席数的人力需求计算模型并进行了求解和分析。进一步建立了带有不耐烦顾客的 N 型和 M 型多技能呼叫中心人力需求计算模型并进行了求解。此外,提出了带有排队信息提示的 N 型和 M 型多技能呼叫中心模型,并给出了等待时间的计算公式。本书的研究丰富了多技能呼叫中心的理论成果,可以为实际呼叫中心的人力需求计算问题提供一定的参考。

目　录

目 录

第一章　绪　论

第一节　研究背景和意义

呼叫中心(call center),即客户服务中心(customer service center),是一种基于计算机电话集成技术并充分利用通信网络和计算机网络的多项功能,可以灵活自动地处理大量电话呼入、呼出业务和服务的完整综合信息服务系统[1]。目前,呼叫中心系统已经在电信、银行、证券、市政、交管、公安、邮政、保险和电力等行业中得到了广泛的应用,大型企业可以利用电话系统进行产品销售、客户服务与支持,大大提高了其运营效率和服务水平。呼叫中心为客户和企业架起了一座沟通的桥梁,能够快速、准确地为客户提供信息咨询、业务受理和投诉等种种服务,对增加企业的竞争力、提高顾客的满意度和发展新客户都具有重要的意义。

一、研究背景

国外很早就开始利用电话进行市场营销和客户服务等商业活动,如今已经形成了规模非常庞大的呼叫中心产业系统。10多年来,国外呼叫中心的迅速发展还带动了一批新兴的产业,出现了专用的包括软硬件设备的制造产业、系统集成产业等。在当今世界500强的大型企业中,90%以上都利用呼叫中心系统为其服务,其中金融、电信、保险业和银行的呼叫中心系统是整个呼叫中心产业中十分重要的部分[2]。呼叫中心使企业在市场中的竞争力得到了极大的提高,成为各行各业取胜的利器。

呼叫中心引入中国是在20世纪90年代中后期。短短10多年的时间,中国呼叫中心产业发展迅猛,复旦大学CC-CMM研究中心发表的《2010年中国呼叫中心运营标杆管理报告》指出:中国呼叫中心产业已经成功地渗透到了中国的56个行业,产业总体座席数也从2001年的10.2万个发展到2010年底的40.6万个。据统计,在1998—2007年间,中国呼叫中心产业复合年均增长率(CAGR)达到了 35%,近几年的年复合增长率一直保持在 15% 左右,2010 年的投资规模达到了 594 亿元人民币[3]。中国呼叫中心的座席规模近年来保持稳定增长,至 2012 年底,中国呼叫中心的座席总数达 64.72 万个,增速达 21.13%。截至 2013 年末,中国呼叫中心市场投资额达到 900 多亿元,堪比游戏行业的营业额,国内呼叫中心座席规模达到了 70 万个[4]。据统计,至 2018 年底,我国自建型呼叫中心累计投资规模达到 1215 亿元。中国经济的飞速增长、企业服务意识的增强、电话普及率的逐渐提高、互联网的迅速发展和普及,以及电信资费下调等因素,促使中国呼叫中心产业高速发展。

随着经济与科技的发展,呼叫中心与人们的日常生活越来越息息相关,它的应用也越来越广泛。为了增加企业的竞争力,提高顾客的满意度,呼叫中心必须提供高品质的服务,要确保大多数顾客的呼叫能够在较短的时间内被接听,因此呼叫中心需要在达到一定的顾客满意度的前提下把运营成本控制到最低。任何呼叫中心的运营都是在追求服务质量与服务成本的平衡。运营成本主要是:人力支出、通信费用、电脑软硬件。其中人力支出是呼叫中心运营开销中的最大支出(在我国接近总支出的50%)。提高顾客满意度即提高服务质量,服务质量主要包括:话务员的可达性、话务员的工作效率、话务员的服务态度等。通常量化服务水平都是以话务员的可达性作为依据。呼叫中心要提供高质量的服务,必须保证大多数的呼叫在短时间内能够被接听,而话务员的数量越多则费用越高,这就要求在尽可能节约人力资源的同时保证高质量的服务。

二、研究意义

对于呼叫中心而言,人力资源安排问题是呼叫中心最关心的问题之一。人力资源安排,即安排现有人力资源来达到一定的服务水平。其一般过程是:预测呼叫量,计算人力需求,制定排班表。其中计算人力需求量是连接需求预测与人员排班的桥梁,若缺乏准确的人力需求计算,再准确的话务量预测也没有意义。随着呼叫中心规模的扩大,其人力资源安排问题也变得越来越复杂。提高客户的服务水平也就意味着提高成本,这是企业所不愿意看到的。

要在成本与服务水平之间取得平衡也越来越难,主要原因有如下几个方面:首先,呼叫中心的电话到达率、服务员的服务率及来电顾客的行为都是一些随机变量,缺乏有效的模型进行预测。其次,一个大型的呼叫中心需要提供的电话服务往往有 10 多种,全技能座席人员模式既不经济也没有可操作性。座席人员只拥有一个或几个应答话务技能,目前缺乏合理的模型来计算多技能呼叫中心座席人员的需求问题。最后,通常一个大型的呼叫中心会拥有成百上千个座席,而这些座席人员在地理位置上常常是分散的。呼叫中心一般按照班次来安排座席人员上班,但其班次并不仅仅是简单的"三班倒",而通常是分为数十个甚至更多班次,每个班次的休息时间与起止时间都不相同,加上座席人员又有其个性化的要求,因此对如此规模庞大的问题进行数学建模和求解是一项很艰巨的工作。

由以上分析可见,目前大型多技能呼叫中心的人力需求计算是呼叫中心实际应用中亟待解决的问题,而目前的文献对这方面的研究并不多。拥有大量座席同时拥有几个技能组的大型呼叫中心,是呼叫中心的发展趋势,而这方面的文献只有少数几篇,所以需要进一步建立合理的模型,得到相应的理论结果,以指导实际应用。

本书的研究目的是探讨这类大型多技能呼叫中心的性能指标和人力需求计算方法,结合实际的应用背景,利用单技能呼叫中心已有的人力需求计算方法,综合解决多技能呼叫中心的相关问题。

随着呼叫中心的作用越来越突出,研究呼叫中心的人力需求问题对呼叫中心来说具有越来越重要的意义。呼叫中心的快速发展,使其规模越来越大,大型和多技能成为实际呼叫中心的主要特点。本书就针对这类实际应用中最广泛的大型多技能呼叫中心进行研究,其理论意义如下:

（1）目前的文献对多技能呼叫中心的研究并不是很多，而拥有大量座席同时拥有几个技能组的大型呼叫中心，是实际呼叫中心中常见的类型。本书所研究的基于排队模型法的 N 型和 M 型多技能呼叫中心的性能指标和服务水平，丰富了现有的理论成果。

（2）对多技能呼叫中心的研究，大多数研究都把重点放在对电话路由的分析上，而对于在确定了路由结构以后，如何快速地计算人力需求的方法研究较少。本书建立的 N 型和 M 型多技能呼叫中心人力需求计算模型，可以快速地计算出各个技能组最优的人数，给出了一些理论上的成果，可以为实际呼叫中心的人力需求计算提供参考。

（3）对于带有不耐烦顾客和排队信息提示的 N 型和 M 型多技能呼叫中心进行研究，更加贴合实际，使人力需求计算更为精准，为呼叫中心的理论研究提供了新的模型，进一步丰富了多技能呼叫中心的理论成果。

与此同时，本书的研究也有重要的现实意义：

（1）在实际的呼叫中心系统中，具有两种类型的顾客是非常常见的，如双语呼叫中心，有中文呼入和外文呼入两种类型的呼入电话。再比如按照紧急程度，有需要立即回应的如电话呼入，也有不着急的邮件等回复方式，也可以据此将顾客分成两类。如果拥有两种顾客类型，那么技能组可能要分为 2 个或者 3 个，因此本书研究的 N 型和 M 型模型是贴合实际的呼叫中心模型。

（2）对于呼叫中心系统的管理人员来说，合理的座席人员数量和科学的排班是实现呼叫中心提高运营和管理效率、降低整体的运营成本、保证客户的服务水平和服务质量、提高生产力的重要环节。本书所求解的人力需求计算问题，可以为管理者提供一定的理论基础和分析工具，进一步提高服务质量，从而更好地对呼叫中心系统进行管理。

第二节　研究现状及评述

人力需求计算的研究内容为在已知话务量的前提下,计算要达到一定服务水平需要的不同技能座席人员的数量。人员排班即将人员安排到各自的班次中,在各时刻各技能的上班人员能保证达到人力需求计算所得到的数量,并且使总人力成本最低,同时还要考虑排班的公平性等。呼叫中心的人力资源安排是一个非常复杂的问题,解决这类问题一般分为三步:首先按照预测的每个时间段的话务量,计算在满足一定服务水平的前提下所需要的各技能座席人员数量;其次进行排班设计,主要包括班次的起止时间、中间的休息时间等;最后进行座席人员指派,将座席人员安排到各个班次中,同时还要考虑到座席人员的一些个性化需求[5]。

为了达到人力资源的高效利用与客户服务水平之间的平衡,需要计算出最优的座席人员数。人力需求计算即在满足一定服务水平的前提下计算出最优的座席数,其中重要的服务水平的计算则需要用到呼叫中心系统的一些概率规律,因此理论上把呼叫中心看作一个排队模型,采用排队论的方法来研究和解决描述系统的一些指标的概率特性,从而得到服务水平的计算公式,进一步求出系统的人力需求。

对于人力需求计算问题的研究,最早可以追溯到 20 世纪 50 年代 Dantzig 的开创性研究[6],他把该问题理解为是一个最小覆盖模型。现在对于人力需求的计算一般可以分为两大类方法:基于排队模型的数学解析法和仿真模型法[7]。将仿真方法与排队模型进行结合的研究也正在兴起。本书主要研究排队模型法,因此主要对排队模型法的相关文献进行综述。

早期关于呼叫中心人力需求计算的研究中,通常认为所有的来电都没有差别,座席人员也都是一样的,每个座席都可以处理所有的电话,称为单技能呼叫中心。而近些年来,呼叫中心规模的大型化和联系方式的多样化,使座席人员的工作越来越繁杂,他们需要掌握的技能也越来越多,然而,事实上让每个话务员都掌握所有的技能是不可能的。这些变化使许多呼叫中心由单技能向多技能转变。在多技能的呼叫中心里,来电可以分成不同的类型,座席人员可能掌握一种或者少数几种技能,也就是只能处理一种或几种相应类型的电话。单技能呼叫中心人力需求的计算和多技能呼叫中心人力需求的计算有着明显的不同和区别。

一、单技能呼叫中心人力需求计算的研究现状

一般的,单技能呼叫中心可简单地抽象为一个排队模型,其基本组成为:系统中共有 k 条通信线路连接到呼叫中心,有 w 个工作台(即座席的最大数目),N 个可以提供服务的座席人员。呼叫中心的基本处理流程为:当系统中有一个呼叫到达时,若 k 条线路都已经被占用,则呼叫将收到"忙"的信号,不能进入系统;否则,呼叫将被接入呼叫中心,占用 k 条线路中的一条。若正在忙的座席人员数目小于 N,则该呼叫马上得到服务,若正在忙的座席人员数目等于 N,则该呼叫按照先到先服务的原则在队列中排队等待服务,直到有空闲座席能够提供服务为止。在等待的过程中,可能发生顾客因为不耐烦而离开的现象。离开的顾客可能永久离开,也可能重试,再次进入系统。

(一)单技能呼叫中心的三种基本排队模型

呼叫中心最简单的排队模型是 M/M/N 排队,也称为 Erlang-C 模型[8],即:假设时段内呼叫的到达率服从泊松分布,服务时间服从指数分布,服务台数即为上班的座席数,排队规则为先到先服务,不考虑放弃、阻塞和重拨等其他因素。系统的负载为到达率除以服务率,如果系统的负载大于等于服务员数,则超过系统的处理能力,出现无限排队,顾客的等待时间趋于无穷大。在系统的负载小于等于服务员数的状态下,排队等待时间的分布函数和平均等待时间均已得到。

进一步考虑系统的阻塞，即队列有长度限制，则为 Erlang-B 模型。也就是将 Erlang-C 模型中的 M/M/N 排队替换为 M/M/N/N 排队，即系统中不存在排队现象，当所有的座席都忙时，到来的呼叫将被阻塞，因而也被称为阻塞模型，其中 B 是英文 blocking 的首字母，为"阻塞"的意思。因为系统中没有等待队列，也就没有等待时间的概念，此时系统常常仅用接通率，即被服务的呼叫量占总呼叫量的比例，作为系统性能的衡量指标。Erlang-B 公式即为呼叫被阻塞的概率，最早由 Erlang 于 1917 年给出[9]。

如果考虑了顾客的放弃行为，则为 Erlang-A 模型[10]，Erlang-A 模型中的 A 是 abandonment 的首字母，意思为"放弃"，即将 Erlang-C 模型中的 M/M/N 排队推广到 M/M/N＋M 排队。此时衡量系统性能的指标不仅仅是等待时间，用户的放弃率也是一个非常重要的考虑因素。假设顾客的耐心时间服从指数分布，等待时间超过耐心时间的顾客将会离开。Whitt[11]研究了 Erlang-A 模型中顾客放弃概率对整个系统的影响和好处，并给出了人力水平的计算公式[12]。

虽然学者们已经推导得到了 Erlang-C 模型精确的计算公式，并且该公式可以在 MATLAB 等软件中进行计算，但对于在实践第一线的呼叫中心运营管理者来说，这些公式仍嫌复杂，很难从公式中得到对排队系统直观而本质的认识。比如：虽然已知在当前到达率下的人力水平，但当到达率加倍时，需再次套用公式来计算人力水平。为了解决这些问题，一些学者推出了一些近似的快速计算方法，近似的方法不但能够快速计算人力需求和大致了解排队系统的运行绩效，而且很多学者已经证明，特别是对比较大型的呼叫中心（顾客到达率高、座席代表数量大），通过经验公式得到的近似值跟公式计算得到的精确值差距很小。

Halfin 和 Whitt 给出了 Erlang-C 公式的一种极限近似：当座席数目和电话的到达率趋于无穷大时，新到达的电话排队等待的概率可以近似地用一个简单的公式表示[13]。基于上面的近似公式，他们又提出了平方根人力保障法则（Square-Root Safety Staffing Principle），座席数目等于

负载加上 β 倍的负载的平方根，其中，到达率除以服务率的值称为负载（offered load）。这个法则是大型呼叫中心使用的一种经验法则，由 Halfin 和 Whitt 于 1981 年正式提出。尽管在 1981 年才正式提出，但早在 1924 年 Erlang 就描述了该法则[14]，并且根据他的记录，1913 年丹麦的哥本哈根电话公司就已经开始使用这个法则了。

这个极限近似的结果适用于大型呼叫中心（座席数成百上千），从平方根人力保障法则可以得出：超出最大负载的部分，也就是需要提供额外人力服务的部分与负载的平方根成正比。其中 β 的取值取决于呼叫中心的管理策略，一般情况下，如果其管理策略倾向于效率型，管理者追求较高的人员利用率，则 β 的取值通常较小；如果管理策略倾向于质量型，管理者追求较高的服务质量，则 β 的取值通常较大。当然，若要两者均衡，则取值适中。实际的呼叫中心常根据顾客排队等待而造成的支出与座席工作造成的支出的比值来确定 β 值。总之，不论对于到达率很小的时段还是达到率很大的时段，平方根人力保障法则的准确性都非常惊人，它的计算结果非常接近最佳人力水平值[15]。

（二）带有不耐烦顾客的单技能呼叫中心排队模型

由于加入顾客的不耐烦这一因素，能更好地描述呼叫中心，更贴近实际情况，大量的文献对这方面进行了研究。最早研究顾客因为不耐烦而放弃这一现象的是 Palm[16]，而 Erlang-A 模型也被称为 Palm 模型。随后，Barrer[17-18]在 S=1,2 时分析了 M/M/S+D 模型，其中，顾客耐心等待的时间取一个固定值，模型考虑了顾客的两种行为：第一种，到等待时间时得到服务，便留在队列中直到被服务完；如到等待时间时仍没有被服务，便离开系统成为"损失"的顾客。第二种，总的等待时间达到固定值时，不管是否得到服务都将离开系统。最早将不耐烦时间定义为一般分布随机变量进行研究是 Daley[19]。考虑从一个到多个服务台，不耐烦时间从定值到随机变量的过程花费了大概 20 年时间。Haugen 和 Skogan

研究了 M/M/S+GI 模型,得到了一些相关结果[20]。他们研究的是带若干泊松输入流的多服务台模型,其中假设各类电话都有各自最大的常数等待时间,且电话在系统中的逗留时间是服从指数分布的。他们得到了 M/M/S+GI 系统等待时间的分布公式,并通过允许各类电话在其总逗留时间达到常数时限的情况下离开系统来使这一公式一般化,但是他们并没有得到该模型电话总数的稳态分布。

Mandelbaum 等继续研究了如何用模型更好地描述顾客的放弃行为[21]。Zohar 等推导出了顾客的放弃行为与他们期望等待时间之间呈线性关系[22]。Zeltyn 和 Mandelbaum 的研究指出了顾客的耐心时间并非指数分布[23]。Whitt 进一步对马尔可夫排队模型进行了修正,他研究发现顾客放弃的概率和座席的服务时间并不服从指数分布[24]。Zeltyn 和 Mandelbaum 研究了带有不耐烦顾客的 M/M/n+G 排队[25]。Liu 和 Whitt 研究了 Mt/GI/st+GI 多服务员呼叫中心排队系统,给出了一个算法来决定时间相依的人力水平,并通过仿真方法进行了验证[26]。Kim 等研究了 MAP/PH/N/N+R 呼叫中心排队模型,提出了一个有效的算法计算系统的稳态概率,并计算出了系统的一些关键性能指标[27]。

(三)带有预测和通知延迟时间的排队模型

在马尔可夫排队模型中预测有效的延迟涉及生灭过程的瞬时分析,许多文章提出了使用生灭过程研究排队的瞬时行为。但是一般情况下很难得到解析解,Whitt 推出了一些关于预测延迟的结果[28]。Jouini 和 Dallery 使用生灭过程研究了预测延迟的问题[29]。Ibrahim 和 Whitt 研究了带有时变到达率的多服务员排队系统的延迟预测问题,其中服务员数目也是时变的,且顾客可以放弃排队[30]。接下来更进一步的研究就是通知预测的延迟时间,Whitt 研究了通知延迟对单技能呼叫中心性能的影响[31]。Jouini 等进一步研究了后面的一些相关工作,他的研究方法是基于排队分析的,还有一种不同的研究方法是基于流模型的[32−33]。Armony 等利用这种方法研究了延迟信息对带有放弃的多服务员排队的影响[34]。Gou 和 Zipkin 进一步分析和比较了不同层次的延迟信息对排队系统的影响[35]。于森等针对一类带有排队信息提示的呼叫中心系统人力资源分配的问题进行了研究,给出了带有不耐烦顾客的 M/M/N+M 排队的优化方法,包括等待时间的估算方法及排队信息提示对顾客放弃行为(包括直接退出、中途放弃两种情况)影响的概率函数[36]。Jouini 等研究了一个近似 Mt/M/st 的呼叫中心排队模型,用 Erlang 分布来近似延迟分布,提出了两种延迟估计并用仿真方法进行了验证[37]。

通知延迟时间对顾客的反应有很大的影响,在这方面也有很多研究。延迟信息对顾客的影响的相关文献最早见 Naor 的文献[38]。Taylor 研究指出,在一个涉及飞行航班的实验中,延迟信息直接影响顾客的服务评价[39]。Allon 等研究了呼叫中心提供延迟信息时顾客的反应和公司对顾客反应的决策问题[40]。

(四)综合考虑其他因素的单技能排队模型

在实际生活中,到达率在时段内的变化可能会很大,而现有的基本 Erlang 模型(考虑顾客不耐烦因素的 Erlang-A 模型、Erlang-B 模型和 Erlang-C 模型)中都假设到达率是固定不变的。因此实际应用这些模型时,需将时间分割成很小的时段,然后取时段的平均值作为到达率,以此来计算时段人力需求。由此可见,这些模型无法精确地反映出时变的到达过程,尤其是当到达率的变化非常明显的时候。很多学者研究了涉及到达率时变的呼叫中心排队模型。

Movaghar 考虑了比 Erlang-A 模型更合适的呼叫中心模型 M(n)/M/m/FCFS+G,其特点是到达过程依赖状态,顾客的耐心服从一般分布,同时考虑了保持耐心时限到服务开始前和保持耐心时限到服务结束前两种不耐烦时限情况[41]。在单队列的情况下,通过顾客在接受服务前必须等待时间的概率分布,求出了顾客稳态队长的分布和阻塞率,以及因顾客不耐烦引起的损失率。Brand 等更多地继承了 Whitt[24]和 Kim

等[27]的研究中的做法,研究了 M(n)/M(n)/S＋GI 模型[42]。在该模型中,令 $n=0(n>s+k)$,实际上给出了有限条线路,且服务率在 $n<s$ 时,也是状态相依的。文章给出了系统中顾客原始等待时间和各自剩余等待时间的联合概率密度函数所满足的平衡积分方程组,求得了在线顾客的稳态分布及相关的性能指标。可喜的是,Kim 等将其结果直接应用于西门子公司的 ACD(Automatic Call Distributor)系统,并取得了明显的经济效益[27]。Brand 等进一步研究了带优先权的同类 M(n)/M(n)/S＋GI 模型,其中带优先权队列 Q 中的顾客是不耐烦的[43]。当这类顾客必须等待的时间超过随机最大时限时,还可以转到不带优先权的队列中去,该模型还设置了一个常量的时间阈值来调控不耐烦顾客的去向。他们将该模型应用到了带有语音应答系统的呼叫中心,并且以 a 为调优参数,对系统进行了性能分析。

Green 等的研究表明,考虑了时延的 Erlang-C 模型更加精确,他们提出两种确定时段到达率的方法,分别是 Lag-Avg 方法和 Lag-Max 方法。考虑到达率的时变性,在到达率相对平稳的场合建议使用 Lag-Avg 方法,反之则应当使用 Lag-Max 方法[44-45]。

Armony 和 Mandelbaum 研究了一个带有不耐烦顾客和不同服务员的大型呼叫中心服务系统,服务员具有不同的服务率,提出了一个求出最优人员配置的近似方法[46]。Bassamboo 等提出了一个到达率随机的 M/M/n＋M 呼叫中心排队模型的人员配置策略,系统没有外包选择[47]。Koçaga 等研究了到达率不确定的 M/M/n＋M 排队的呼叫中心人力需求计算问题,提出了一个近似最优策略[48]。Phung-Duc 和 Kawanishi 首先研究了带有重试和接电话后工作的呼叫中心模型,进一步又在模型中加入了放弃行为,利用连续时间水平相依的半生灭过程建立了排队模型,求出了系统的一些性能指标[49-50]。Roubos 等研究了服务水平可变的经典 M/M/s 呼叫中心排队模型,基于大量的仿真,给出了服务水平的近似分布[51]。Aktekin 和 Soyer 研究了呼叫中心带有不耐烦顾客的贝叶斯排队模型,从贝叶斯观点出发,系统的所有参数都是不确定的,利用了马尔科夫蒙特卡洛方法来进行推理[52]。Ding 等研究了一个带有不耐烦顾客和重试条件的呼叫中心模型,应用流模型的方法对系统性能指标进行了求解,并给出了数值计算[53]。杨学良等提出了一种基于蚁群算法的呼叫中心人力需求计算方法,建立了单技能呼叫中心的人力需求计算线性规划模型[54]。

二、多技能呼叫中心人力需求计算的研究现状

近些年来,随着呼叫中心的快速发展,呼叫中心逐渐大型化,多技能呼叫中心越来越多。在多技能呼叫中心,来话分为不同类型,座席人员也可以拥有各种不同的技能,即可以只拥有一种技能,也可以同时拥有几种不同的技能。多技能概念的引入,使呼叫中心的运营及评估变得复杂。呼叫中心技能的复杂化使原来支撑单技能呼叫中心运营服务水平计算的理论无法继续在多技能呼叫中心中应用。因此,对多技能呼叫中心的研究受到了越来越多的注意。

(一)技能组和顾客类型较少的呼叫中心人力需求问题的研究

近年来,关于多技能的呼叫中心的性能和服务质量的研究受到了很多学者的关注。Gans 等较为全面地介绍了多技能呼叫中心中座席拥有的技能数小于等于 3 个的情况,提出了 V 型、N 型和 M 型等呼叫中心模型,并对其进行了介绍[55]。

V 型呼叫中心模型即系统中有两种顾客类型、一个全技能组,服务员可以为任何一种类型的顾客服务。Perry 和 Nilsson 研究了这种 V 型的呼叫中心,他们给出了一个在满足一定的等待时间下的人力需求和安排策略[56]。Bhulai 和 Koole 研究了服务率相同的两种顾客类型的呼叫中心,应用动态规划的方法得到了人力安排的最优策略[57]。而 Gans 和 Zhou 应用线性规划方法分析了同样的模型,他们还得到了服务率不同时

的结果，他们的最优策略是临界值预设策略[58]。Armony 和 Maglaras[59-60]分析了带有通知等待时间的 V 型呼叫中心模型，顾客已知需等待的时间，可以选择继续等待服务、挂断电话或者挂断重试。他们给出了系统性能指标的近似计算，并给出了一个近似最优策略。Ormeci 等研究了 V 型损失制排队系统，两类顾客具有不同的服务率，他们考虑了一个动态任务控制策略[61]。Pekoz 考虑了一个带有非抢占优先权的 V 型模型，通过线性规划方法推出了一个近似最优策略，使高优先权的顾客平均等待时间最少[62]。

N 型呼叫中心即系统中有两种顾客类型，同时有两个技能组，其中一个技能组的服务员拥有两种不同的技能，可以为所有的顾客服务；另一个技能组的服务员只拥有一种技能，只能为一类顾客服务。Stanford 和 Grassman 考虑了一个具有固定优先策略的 N 型呼叫中心排队模型[63]。Shumsky 提出了一个这个模型的近似分析[64]。Bell 和 Williams 使用传统严重阻塞极限定理证明了一个临界值控制的近似最优策略[65]。

M 型呼叫中心即系统中有两种顾客类型，但有三个技能组，其中一个技能组的服务员拥有两种技能可以为所有顾客服务；另外两个技能组分别拥有一种不同的技能，只能为一类顾客服务。Ormeci 研究了一个 M 型模型，假设全技能组比其他组的工作效率高，研究表明给全技能组更高的优先权是最优的[66]。

另外，戴韬和霍佳震等研究了一种 W 型多技能呼叫中心的评估方法，基于马尔科夫过程给出了稳态概率等相关结论[67]。张星玥等研究了多技能呼叫中心的 I 型与 V 型路由策略人力需求问题，通过仿真模型的建立与运行，发现 V 型有优先级的路由策略在同样的服务水平和座席占用率下，所需的人力资源最少[68]。

（二）技能组或者顾客类型较多的呼叫中心人力需求问题的研究

一些学者研究了顾客类型和技能组数目较多的多技能呼叫中心，

Cezik 和 L'Ecuyer[69]研究了人力需求计算问题,由 Atlason 等[70]的单技能人力需求计算模型推广到了多技能模型,主要是利用线性规划和仿真的方法进行求解,但极其耗时。Bhulai 等的研究模型首先应用一种启发式算法来计算各个技能组每个时段所需的座席数目,然后建立了班次人力安排模型。以成本最小为目标,利用线性规划的方法进行了求解,这个方法减少了模拟仿真的次数[71]。

同时一些学者研究了座席人员是单技能但顾客类型不同的情况。Gurvich 等研究了有多种顾客类型但只有一个技能组的大型呼叫中心的人员配置与控制的问题,给出了最优的服务员数目和分配方案,这样在达到一定服务水平要求的同时,人力需求的费用最小[72]。Aksin 和 Harker 研究了多种顾客类型的处理器共享的损失制呼叫中心系统,同时考虑顾客的中途退出特点,给出了系统的相关性能指标[73]。Aksin 等继续对与此相关的一系列问题进行了研究[74]。Jouini 等考虑了全技能呼叫中心的预测及通知呼叫延迟的问题,考虑了顾客耐烦和不耐烦两种情况,给出了估计延迟时间的方法[75]。

Chevalier 等讨论了阻塞模型下服务水平和人力成本的折中方案,即模型中没有排队队列,类似于单技能情况下的 Erlang-B 模型[76]。当所有座席都处于忙碌状态时,新到达的呼叫将会被阻塞,服务水平用未被阻塞的呼叫占总呼叫的比例来表示。他们研究的多技能呼叫中心模型中的座席分为两种:仅拥有一种技能的专业座席和拥有所有技能的全能座席。路由策略则采用的是静态溢出路由策略,得到的结果是 80% 的专业座席和 20% 的全能座席的组合是一种比较理想的情况。Shumsky 也研究过两种技能情况下专业座席与全能座席的组合问题[77]。Armony 等关于大型多技能呼叫中心的设计、人力需求、控制等一系列问题进行了相关研究[78-81]。Manfred 和 Sedols 研究了多技能呼叫中心的 Markov 模型[82]。Cordone 等研究了多技能呼叫中心的优化问题和排班[83]。Avramidis 等通过搜寻方法和性能近似,研究了多技能呼叫中心的人力需求问题[84]。

Baron 和 Milner 研究了利润最大化的人力资源优化问题[85]。程凤和霍佳震研究了带有不耐烦顾客的多技能呼叫中心,利用水平穿越法进行了建模和求解[86]。慕红云研究了新一代呼叫中心的一些关键技术和应用,新一代呼叫中心即指大规模的跨国实时呼叫中心[106]。戴韬对大型多技能呼叫中心运作的关键问题进行了研究[6]。李大川研究了呼叫中心业务流不均衡问题[7]。吴佳骥研究了多技能呼叫中心人力资源分配调度问题[87]。Gurvich 等研究了在服务质量约束和到达率不确定的情况下,多个顾客类型和多个服务员类型的呼叫中心人员配置问题[88]。

（三）呼叫中心班次设计研究

呼叫中心的班次设计是指为呼叫中心所有的座席人员制定一个上班与休息时间表,要求具体到每一天的每一个班次,既要满足每个时段服务水平的要求,还要能够满足员工的一些个性化需求。在班次的设计中,因为有休息的时间段,所以主要的问题是班次一般是不连续的。Nemhauser 和 Wblsey 研究了假设班次都是连续的情况下的最优班次设计的方法,并得到了最优解[89]。Segal 进行了深入的研究,将班次设计分成了两步:第一步假设班次是连续的,应用网络流模型求得了最优解;第二步利用启发式方法,在第一步的结果中加入了休息时间,得到了可行解[90]。Henderson 和 Berry 也做了关于这个方面的研究,他们在确定班次矩阵的时候采用了启发式的方法,使班次矩阵的规模不会过于庞大[91]。谢传柳等研究了大型呼叫中心的排班算法,基于粒子群优化机制和外点法对座席数目的预测结果进行拟合,采用队列轮循分配法进行排班生成了班次表[92]。徐迅羽和杨根科也进行了班次设计的研究,他们利用了改进型 PSO 算法,采用旋转排班法并根据评价参数和排班结果对规划调度参数进行反馈调整,最后通过仿真分析进行了验证[93]。

多技能呼叫中心的班次设计问题更加复杂。因为多技能呼叫中心有多种顾客类型和多个技能组,并且路由策略的设置也会对系统的性能有很大的影响。单技能呼叫中心的各种近似方法不再适用于多技能呼叫中心,需要新的理论和方法来解决班次设计问题。Bhulai 等提出了一个两阶段的方法来解决多技能呼叫中心的排班问题,第一步是先计算每一类座席人员每个时段所需要的人员数目,第二步再对座席人员进行排班[94]。Avramidis 等通过搜索的方法和性能指标近似法研究了多技能呼叫中心的排班问题[95]。他们又进一步提出了一个基于仿真的方法来求解多技能呼叫中心座席人员的指派问题,并与 Bhulai 的方法进行了对比[96]。Jouini 等研究了一个带有两种不耐烦顾客的多技能呼叫中心的在线排班问题,文中提出的策略简单易实现,并用数值实例进行了验证[97]。Dietz 给出了一个实用的基于电子数据表的排班方法,来对呼叫中心的座席人员进行最优排班,其中人力需求的计算利用了马尔科夫排队模型求解[98]。戴韬和李军祥研究了带柔性休息时间的多技能呼叫中心班次设计问题,提出了两阶段的班次设计思路[99],在第一阶段确定了班次的个数与起止时间,并于第二阶段在连续的班次中加入根据当天需求柔性可变的休息时间。苏强和赵飞也进行了多技能呼叫中心排班算法研究,采用考虑顾客放弃的 Erlang-A 模型计算人力需求,应用动态集合覆盖算法解决多技能排班路由问题,针对多技能优化排班问题设计开发相应的启发式算法,并应用某呼叫中心的实际数据验证了算法的计算效率和优化效果[100]。

(四)呼叫中心仿真模型法计算人力需求

仿真的方法可以将现实中的很多因素都考虑进来,非常贴近实际,但是为了得到较准确的结果,必须进行长时间的模拟,这样速度就得不到保证。Mehrotra 和 Fama 对呼叫中心的仿真模型法进行了综述,并介绍了主要的模型[101]。仿真方法的理论与应用见 Brigandi 等[102]和 Henderson 等[103]的研究。Fukunaga 等利用了一个将启发式方法和仿真法相结合的混合方法来求解人员排班和班次优化的问题,并指出该方法已经应用到了 1000 多家呼叫中心[104]。

Kim 和 Ha 使用仿真的方法研究了现代呼叫中心的人力需求计算问

题[105]。Cezik 和 L'Ecuyer 研究了线性规划和仿真法相结合的方法来研究多技能呼叫中心的人力需求计算问题[69]。Atlason 等采用的是优化和仿真相结合的方法[70]。张星玥等通过仿真模型的建立与运行,研究了多技能呼叫中心的 I 型与 V 型路由策略人力需求问题,发现 V 型有优先级的路由策略在同样的服务水平和座席占用率下,所需的人力资源最少[68]。

三、研究现状评述

综上所述,近年来关于呼叫中心系统问题,不论是在理论研究还是在实际应用中都取得了很大的进展,研究的主要问题聚焦在呼叫中心系统的人力需求问题上。早期关于人力需求计算的文献基本上都是集中在单技能的呼叫中心上,而且经验公式的方法对单技能的呼叫中心较为有效,但是对呼叫中心是多技能的情况却无能为力,另外该方法的准确性不高。

呼叫中心规模的不断扩大和技能的逐渐复杂化,使一些单技能呼叫中心的服务水平计算理论对于多技能呼叫中心不再适用。因此,需要有新的理论和方法来准确地计算实际需要的多技能呼叫中心的服务水平,在服务水平得到精确计算的基础上,建立切合实际的多技能座席代表的人员优化配置模型,进一步完善呼叫中心系统的相关理论。

结合实际问题的需要,本书主要针对多技能呼叫中心系统中的一些尚未完善的系统模型和存在的问题进行深入分析。

(1)目前来看,呼叫中心人力需求计算问题的研究主要集中在单技能呼叫中心系统上。多技能呼叫中心技能的复杂化,使系统中有多个技能组和多个队列,呼入的电话也可以由不同技能组的座席服务,路由策略的选择对服务水平等都有影响。传统的排队模型对这样的系统不再适用,系统服务水平和人力需求的计算变得相对复杂。但是实际呼叫中心系统中大多拥有多个技能组,常见的有两个或三个技能组,也有更多的技能组,而顾客的类型也是不尽相同的。对于 N 型和 M 型多技能呼叫中心的人力需求的计算,目前尚无很好的计算方法,那么如何建立这类多技能呼叫中心的排队模型,准确地给出服务水平的计算公式,合理地建立人力需求计算的优化模型,都是实际中亟待解决的问题。如果能够解决这些问题,就可以更加合理地构建呼叫中心系统,优化呼叫中心的系统结构。

(2)大多数多技能呼叫中心系统为了计算简便,都尽可能地简化排队模型。而很多顾客常见的特点对系统的影响是非常大的,比如顾客因为不耐烦而放弃呼叫。如果不考虑顾客的放弃行为,会使需求率比实际大,造成座席人员的浪费。而且排队系统在输入大于输出的情况下,会使系统处于不稳定状态,导致系统的稳态分布将不存在。不耐烦是实际中顾客的一种常见行为,一般顾客都会在接通的效用和等待成本之间做出权衡,如果等待的时间太长的话,他们通常会放弃等待,也就是顾客因为不耐烦而离开系统。考虑顾客的放弃行为也能使呼叫中心将重点放在某些重要顾客上,提高重要顾客的满意度,那么将顾客的不耐烦因素考虑到排队模型中的话,如何建立带有顾客不耐烦因素的多技能呼叫中心人力需求计算模型?加入了不耐烦对系统的性能指标有何影响?对人力需求计算模型的求解有何影响?对这些问题进行深入的研究是十分必要的。

(3)为了顺应呼叫中心最新的发展趋势,进一步考虑为顾客提供排队信息提示。排队信息提示作为一种新型的运营模式正在逐渐被呼叫中心采纳,它是指呼叫中心通过语音提示的方式告知顾客估计的等待时间。排队信息提示对顾客的行为具有一定的影响,顾客会根据提示的排队信息来选择放弃还是继续等待,因此会有部分顾客因为等待时间过长而离开,使系统的实际到达率发生变化,从而对系统的人力需求产生影响,进一步影响整个系统的人力资源配置。鉴于这种状况,进一步研究带有排队信息提示这种运营模式下的呼叫中心相关问题,如为顾客提供何种信息提示,提供排队人数信息或者提供等待时间。若为顾客提供排队需要等待的时间,则顾客排队等待的时间如何计算?探讨为顾客提供排队信息提示对系统的影响,可进一步完善多技能呼叫中心的理论。

第三节 研究内容和方法

一、研究内容

在实际的呼叫中心系统中,具有两种类型的顾客是非常常见的,如双语呼叫中心,有中文呼入和外文呼入两种类型的呼入电话。再比如按照紧急程度,有需要立即回应的如电话呼入,也有不着急的邮件等联系方式,据此也可以将顾客分成两类。本书的研究内容主要是针对具有两种呼入电话类型的多技能呼叫中心的排队模型和人力需求计算问题进行展开,主要有如下几方面内容:

首先,研究 N 型多技能呼叫中心的排队模型。系统有两种顾客类型,同时有两个技能组,一个全能组拥有两种技能,可以同时为两类顾客服务;另一个组只拥有一种技能,只能为一类顾客服务。通过将系统的无穷多个状态划分成几个有限的状态集合的方法,给出系统的状态集转移方程,求解出系统性能指标和相应的服务水平计算公式,最后再通过数值算例进行分析。

其次,讨论 M 型多技能呼叫中心的排队模型。对于有两类顾客到达的呼叫中心系统,可以设置 N 型当中的两个技能组,也可以设置三个技能组,一个全能组可以为所有顾客服务,还有两个单一技能组只能分别为每一类顾客服务。由于技能组的增加,这个模型将比 N 型模型复杂很多,状态集的数目将有所增加。同样利用状态集合的划分方法,给出系统的状态转移方程,求解出系统性能指标并求出相应的服务水平计算公式,最后再通过数值算例进行分析。

再次,讨论 N 型和 M 型大型多技能呼叫中心的人力需求计算问题。人力需求计算是呼叫中心最关心的问题之一,在满足一定的服务水平的条件下,求出最优的服务员数目,使系统的人力成本最小。先建立起 N 型呼叫中心人力需求计算模型,应用非线性整数规划的方法对模型进行求解并给出数值算例。再建立起 M 型呼叫中心人力需求计算模型,应用非线性整数规划的方法对模型进行求解并给出数值算例。最后对两种模型的人力需求问题进行比较分析。

从次,研究带有不耐烦顾客的 N 型与 M 型多技能呼叫中心的人力需求计算。为了使模型更加贴近实际问题,进一步考虑顾客的不耐烦心理。不耐烦是排队过程中最常见的表现之一,在 N 型和 M 型多技能呼叫中心的排队模型中加入顾客不耐烦的特点,进一步对这两个模型进行求解和分析比较,探讨顾客的不耐烦对系统的影响。一是建立起带有不耐烦顾客的 N 型和 M 型呼叫中心的排队模型,利用状态集的划分方法求解出系统的性能指标,给出服务水平的计算公式,并通过数值算例进行验证。二是建立起带有不耐烦顾客的 N 型和 M 型呼叫中心的人力需求计算模型,应用启发式算法对模型进行求解并给出数值算例,分析各个参数对系统的影响。三是对两种模型的人力需求问题进行比较分析,讨论不耐烦因素的增加对系统的整体影响。

最后,研究带有排队信息提示的 N 型与 M 型大型多技能呼叫中心的人力需求计算。为了顺应呼叫中心最新的发展趋势,进一步考虑为顾客提供排队信息提示。排队信息提示作为一种新的运营模式正在逐渐被呼叫中心采纳,它是指呼叫中心通过语音提示的方式告知顾客估计的等待时间,排队信息提示对顾客的行为具有一定的影响。先建立起带有排队信息提示的 N 型呼叫中心的排队模型,给出两种类型的电话排队等待时间的计算方法,进一步建立起带有不耐烦顾客的模型,给出等待时间的计算方法;再建立起带有排队信息提示的 M 型呼叫中心的排队模型,给出两种类型的电话排队等待时间的计算方法,进一步建立起带有不耐烦顾客的模型,给出等待时间的计算方法。再利用实际呼叫中心数据进行数值实验,并对结果进行对比分析。

二、研究方法

本书主要研究了 N 型和 M 型多技能呼叫中心模型，同时进一步考虑增加了顾客不耐烦因素和带有排队信息提示的 N 型和 M 型呼叫中心模型。

首先，在分析 N 型和 M 型呼叫中心排队模型时，采用改进的状态空间划分的方法，利用马尔科夫过程理论，给出稳态概率满足的状态转移方程。利用排队理论中的马尔科夫过程进行求解，进而导出所需的性能指标。

其次，利用最优化方法中的隐枚举法和启发式算法，求解 N 型和 M 型服务员数目最小的非线性整数规划问题。对于 N 型和 M 型模型的人力需求计算模型，采用隐枚举法对这个非线性整数规划问题进行求解。而对于添加了不耐烦因素的 N 型和 M 型模型，由于计算更加复杂，采用一种改进的蚁群算法对优化问题进行求解，从而得到满足服务水平的最少服务员数目。

再次，对于带有排队信息提示的 N 型和 M 型呼叫中心模型中等待时间的计算问题，利用排队理论中的二维马尔科夫过程及生灭过程来进行求解。

最后，为了与理论分析方法进行对比，利用 MATLAB 软件编程对所求的模型结果进行数值实验验证。

本书的研究方法与技术路线图见图 1-1。

第四节　创新点

本书针对当前广泛应用但是研究相对较少的多技能呼叫中心的人力需求问题进行研究，主要研究了 N 型和 M 型多技能呼叫中心，对不同的

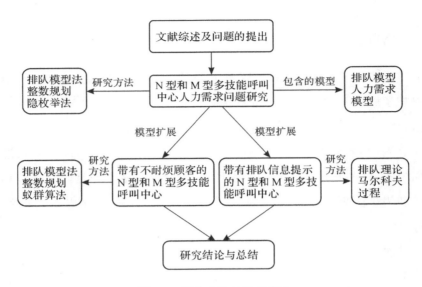

图 1-1　研究方法与技术路线

模型进行求解和分析,给出了最优的人力需求。本书主要的创新点如下:

(1)对于 N 型和 M 型多技能呼叫中心,建立了排队模型进行研究。与传统排队模型状态空间划分的方法不同,利用座席组所处的不同状态,将系统的无穷多个状态划分成几个有限的状态集合,从而给出了呼叫中心的主要性能指标服务水平的计算公式;并且通过数值算例验证了该服务水平计算公式,可以计算不同大小规模的呼叫中心服务水平。

(2)进一步对 N 型和 M 型多技能呼叫中心的人力需求计算问题进行了研究。利用服务水平的计算公式,建立了求解系统最优座席数目的优化模型。根据模型本身的特点,采用隐枚举法对这个约束条件高度非线性的整数规划问题进行了求解,并利用 MATLAB 软件编程实现。与传统的 Erlang 经验公式求解人力需求相比较,本书的方法不但给出了总的最优座席数,而且给出了具体每个座席组最优的座席数。

(3)考虑到顾客的不耐烦是一种常见的现象,且会对呼叫中心人力需求有一定的影响,作为对 N 型和 M 型多技能呼叫中心模型的深入研究,本书进一步分析了带有不耐烦顾客的 N 型和 M 型模型,使模型更接近实际;同样利用排队模型法求出了服务水平的计算公式,建立了人力需求计算模型,并将模型推广到了 n 种电话类型、k 个座席组的情况,使人力需求模型更具有一般性;采用了一种改进的蚁群算法来求解人力需求问题,并进行了数值分析。

(4)由于对顾客进行排队信息提示,告知需要排队等待的时间,可以大大增加顾客的满意度,降低顾客的不耐烦程度。因此本书进一步分析了带有排队信息提示的 N 型和 M 型多技能呼叫中心模型,且同时分析了顾客耐心无限和带有不耐烦顾客两种情况,利用排队理论,给出了每种电话等待时间的计算公式。借由这些计算公式,系统便可以对到达的顾客进行排队信息提示。

第五节　全书结构

本书主要由以下几部分组成:

第一章为绪论,介绍了本书的研究背景与研究意义,并且对呼叫中心的人力需求计算问题的相关文献进行了综述,给出了本书的研究内容和研究方法。

第二章对呼叫中心系统与相关理论进行了综述,包括呼叫中心的起源、国内外发展历程、呼叫中心系统的运作等。通过综述,可以更加详细地了解呼叫中心系统。随后介绍了呼叫中心与排队论的关系,排队论的相关知识及本书会用到的典型排队模型的一些结果。本书是基于排队模型法进行求解,因此对相关理论进行了介绍。

第三章研究了一个 N 型多技能呼叫中心的排队模型和人力需求计算问题。系统有两种不同类型的电话和两个有不同技能的座席组,由此建立了呼叫中心人力需求的计算模型,利用排队模型法中状态集合的划分方法,来求解系统的稳态概率。本章给出了系统服务水平的计算公式和数值算例,并进一步通过隐枚举法进行了求解,通过数值算例分析了不同情况下的最优座席数目。

第四章进一步研究了一个 M 型多技能呼叫中心系统,系统有两种不同类型的电话,但是有三个拥有不同技能的座席组,其中两个都只拥有一种技能,即只能为一种类型的电话服务;另一个拥有两种技能,即可以服务所有的电话。与上一章相比较,本章多了一个座席组,同样建立了人力需求计算模型,利用排队理论,求出了系统的稳态概率,给出了服务水平的计算公式并进行了数值分析。最后通过隐枚举法及 MATLAB 编程进行了求解,给出了数值算例和实例分析。

第五章在前两章的研究基础之上,进一步分析了带有不耐烦顾客的 N 型和 M 型多技能呼叫中心的人力需求问题,顾客的不耐烦程度直接影响着系统中需要配置的服务员数量。首先研究了带有不耐烦顾客的 N 型多技能呼叫中心,利用 M/M/c+M 排队的相关结果,给出了系统服务水平的计算公式和数值算例。其次研究了带有不耐烦顾客的 M 型多技能呼叫中心系统,同样求得了服务水平的计算公式,并给出了数值算例。最后建立了带有不耐烦顾客的人力需求计算模型。利用蚁群算法这种启发式算法对模型进行了求解,给出了蚁群算法过程,并进行了数值实验。此外,还对 N 型和 M 型模型进行了对比分析。

第六章首先研究了带有排队信息提示的 N 型多技能呼叫中心,系统中有两种类型的电话到达,分为顾客耐心无限和带有不耐烦顾客两种情况进行分析。利用二维马尔科夫过程及生灭过程的相关知识,给出了当系统内队列 1 和队列 2 都排队时,两种电话所需要的平均等待时间的计算方法。其次分析了带有排队信息提示的 M 型多技能呼叫中心,同样给出了顾客耐心无限和顾客不耐烦两种情况下,两种电话排队等待时间的计算方法。

结论部分对本书进行了详细的总结,并提出了对进一步研究工作的展望。

第二章

呼叫中心系统与排队系统综述

第一节　呼叫中心的起源和国内外发展过程

呼叫中心实际上就是在比较集中的场所，由一些服务人员运用电话和计算机通信技术，处理来自企业或顾客的咨询等的一种服务机构。以电话咨询为例，呼叫中心不但具有同时处理很多来电的能力，还具有显示主叫号码的功能；可将来电自动分配给具有相应技能的客服人员去处理，并且能记录和储存所有来电信息。以进行客户服务为目的的呼叫中心系统通常具有呼入与呼出两种功能，可以一边处理顾客的信息咨询或投诉等呼入电话，一边进行客户回访或客户满意度调查等呼出业务。

一、呼叫中心的起源

呼叫中心起源于 1930 年左右的民航业，开始是为了便于向顾客提供一些关于机票航班等的咨询服务及处理乘客的投诉[2]。世界上第一个可提供每天 24 小时服务且具有一定规模的呼叫中心是泛美航空公司呼叫中心，于 1956 年建成使用，顾客进行机票预订是这个呼叫中心的主要功能。随后 AT&T 推出了第一个进行营销活动的呼叫中心，且推出了 800 被叫付费业务，于 1967 年开始正式运营。自此以后，利用电话系统进行市场营销、客户服务、技术支持等活动的做法逐渐被全世界接受和采用，直至形成今天的规模庞大的呼叫中心产业。

最初呼叫中心的功能只是把电话转接给业务代表去处理。随后，由于呼叫量的逐渐增大，呼叫中心开始建立起交互式语音应答系统（interactive voice response，IVR）。这种系统可以由机器来回答顾客的一些简单的常见问题，即由所谓的"自动话务员"来回答和处理。现代意义上的呼叫中心出现在 1990 年以后，通信和计算机技术的快速发展和结合，推动了呼叫中心的进一步发展。借助计算机和电话等媒介，呼叫中心成了为顾客服务的"服务中心",这种呼叫中心在服务的内容、技术、方式及领域等方面都出现了很大的变化。经过多年的发展,现代呼叫中心的概念已经被广大的集成商和企业用户逐渐了解。目前呼叫中心的定义可以概括为《新一代呼叫中心及其应用》中所描述的:"呼叫中心是以高科技的电脑电话集成技术即 CTI(Computer Telephony Integration)系统为基础,将计算机的信息处理功能、数字程控交换机的电话接入和智能分配、自动语音处理技术、Internet 技术、网络通信技术、商业智能技术与业务系统紧密结合在一起,将公司的通信系统、计算机处理系统、人工业务代表、信息等资源整合成统一、高效的服务工作平台。"[105]具体地说,是指用户拨打一个电话号码接入呼叫中心后,通常会收到系统的语音提示(通过 IVR 系统实现),按照系统的语音提示,一步一步操作,就可以获得所需的信息服务。如果自助服务不能解决问题,还可以转接人工服务,接受人工座席的服务。目前呼叫中心已经普遍应用于电信、政府机构、金融、电力、邮政、电子商务、旅游等各行各业,成为单位或企业与顾客之间联系的最主要的途径。

二、国外呼叫中心的发展过程

时至今日,国外的呼叫中心已经形成了规模庞大的呼叫中心产业。特别是近 10 年来,国外呼叫中心的迅速发展还带动了一批新兴的产业如软硬件设备提供、系统集成等的发展。国外呼叫中心的发展经历了以下五个阶段[108]:

第一代呼叫中心起源于 20 世纪 30 年代,由于当时的计算机和通信技术还不够发达,因此主要以人工操作为主,设备简单,单纯利用普通电话机,可以称之为基于交换机的人工热线电话系统。这种呼叫中心由几个人在一个固定的地方处理电话业务,向用户提供简单的咨询服务或者受理用户的投诉。

第二代呼叫中心是交互式自动语音应答系统(IVR),随着呼叫量的增加,单靠人工操作的呼叫中心暴露出了很多缺陷,已明显跟不上时代的发展,因此,产生了功能更加完善的第二代呼叫中心系统。第二代呼叫中心开始建立起交互式的语音应答系统,这种系统可以把一部分常见问题的应答交由机器自动应答和处理。随着计算机技术和通信技术的发展,第二代呼叫中心利用局域网技术实现了数据共享。语音自动应答技术减少了话务员的工作量,并降低了出错率。自动呼叫分配器使座席的话务量更加均衡,并使顾客的满意度大大提高。

第三代呼叫中心进一步使通信网和计算机网融为一体,采用了 CTI 计算机电话集成技术,是兼有人工服务和自动语音的客户系统,实现了语音和数据同步。系统采用标准化的通用软硬件平台,使呼叫中心发展成了一个纯粹的数据网络。通用的软硬件平台,可以不断增加新功能,系统的整合度更高,进行扩容升级更加方便。

第四代呼叫中心是在第三代的基础上又加入了网络技术。随着互联网的迅速发展,特别是语音、视频传输和数据三网合一技术的发展,呼叫中心系统的服务方式、服务技术及服务内容、服务领域等都发生了非常大的变化。其功能越来越强大,应用范围也越来越广泛。第四代呼叫中心在接入方式上利用了因特网渠道,实现了沟通的多样化,顾客可以以各种各样的方式,例如电话、传真、计算机、手机短信息、电子邮件等,与呼叫中心客服进行沟通和交流。第四代呼叫中心开放式的设计更能适应企业的需求。

第五代呼叫中心系统基于第四代呼叫中心的技术,添加了移动互联网技术,如 3G、4G 网络,手机等移动终端用户可以作为呼叫中心的移动座席,呼叫中心的发展趋势呈现出了分布式、多媒体化的特点。

随着互联网技术的迅猛发展,近年来兴起了第六代呼叫中心,是以云计算为基础的托管型呼叫中心。呼叫中心的软硬件、通信资源、日常维护由服务商提供,而工作场地、服务人员及运营管理则全由企业自己负责。云呼叫中心服务商运用先进的通信技术和计算机技术集中构建大型的呼叫中心系统,并将呼叫中心座席分租给位于不同地点的不同企业来使用。企业只需要专注于呼叫中心本身的运营管理,而将复杂的系统维护和运营服务工作交由服务商去做。

美国是世界上呼叫中心产业发展最为成熟的国家,对全球的呼叫中心起着引领和示范作用。其不但有一大批赫赫有名的呼叫中心设备制造和软件开发商,也拥有众多的呼叫中心运营管理机构和人才。过去,全球呼叫中心市场的格局基本都是以欧美为主。美国的外包呼叫中心座席占了全球外包呼叫中心座席的 60% 以上,也就是说全球每 10 个外包呼叫中心座席中就有 6 个是美国的。但是现在格局已经改变,呼叫中心已不仅仅集中在美国,在其他国家和地区也逐渐发展起来,欧美等国的呼叫中心座席占全球呼叫中心座席的比例目前逐渐在下降,其他区域、国家的外包座席量在逐渐上升。

加拿大的呼叫中心产业并不是美国的一个分支,而是沿着自己的轨迹高速发展,除了服务于本国市场外,其甚至将业务扩大到了北美。加拿大与其他美洲国家一样,在本国呼叫中心产业政策的战略上,不仅自己建设呼叫中心,还有一项重要的战略就是以比美国低得多的税收和成本吸引美国的呼叫中心在本国安家,尤其是在网络高度发达的今天更是如此。安大略(Ontario)省作为加拿大最大的一个省,容纳了大部分的呼叫中心。其全省的所得税和成本要比美国低 37%。这种地区性差异很吸引那些想要减少成本开销的美国公司来开辟新的呼叫中心,或调整已运行中的呼叫中心。

在美国之外,其他的国家有时会遇到呼叫中心产业发展道路上的十字路口:是重点发展本国的呼叫中心产业,还是成为美国大型呼叫中心的外包代理,或者两者兼而有之? 美洲的呼叫中心产业模式正在对整个世界即将形成的市场产生着深远的影响。

欧洲是呼叫中心在美洲以外的另一个重要发展地区。欧洲呼叫中心工业已经走出 90 年代中期的缓慢增长期,从规模和范围上呈现出爆炸性增长。一段时期以来,欧洲国家的呼叫中心市场分为两大阵营:一些国家积极努力地去吸引呼叫中心落地;而另一些国家则看不到呼叫中心所带来的利润,没有采取任何行动。爱尔兰、荷兰、英国成了前一种阵营的核心,而法国、德国则属于后者。但是现在,法、德两国已经觉醒,开始努力吸引呼叫中心,尤其是着重吸引那些有利于服务整个泛欧市场的呼叫中心。

在吸引境外的呼叫中心商业方面做得更为出色是爱尔兰和荷兰。在爱尔兰,当地政府建立起了可靠的教育体系,当地人都会说英语。由于存在较高的失业率,所以爱尔兰努力想成为许多美国高利润公司进入欧洲市场的门户,不单是呼叫中心这种企业,对其他具有相同背景的产业也是如此。荷兰则开办了许多为欧洲和美国呼叫中心企业提供服务的公司,目的是为整个欧洲大陆市场服务,对象包括单一的呼叫中心、具备多语种能力的话务中心等。

1996年以前,澳大利亚的呼叫中心产业规模很小,只在电信、信用卡、航空公司、汽车租赁或出租公司等行业有所应用。之后,澳大利亚的贸易逐渐走向自由和开放,随着霍华德政府实行了取消对进口电信设备限制的政策,从而吸引来了包括美国朗讯科技公司、法国创惟科技股份有限公司、美国国际商业机器公司和美国惠普等在内的世界大牌公司进军澳大利亚市场,开始将澳大利亚的呼叫中心产业推向前进。1997年中期,美国呼叫中心外包商也开始在澳大利亚建立用于电话营销和客户服务的呼叫中心,现在主要的外包商有美国 Sitel 有限公司、奥姆尼康公司(Omnicom)和 The Index 集团等。

1996年以来,澳大利亚的呼叫中心快速发展,呼叫中心的数量从800个急速上升到5000多个,就业人数也从1万人增加到10万人。政府部门在认识到呼叫中心对本国经济所起的推动作用后,特别资助成立了专门的呼叫中心发展部(Call Center Development Offices),用以吸引更多的国内外呼叫中心。1997年还成立了呼叫中心管理协会(Call Center

Managers Association），对产业的发展起到了指导和引领作用。

总体来说，由于澳大利亚与美国和欧洲的贸易关系十分密切，因此其是最受美国呼叫中心企业喜爱的国家。新西兰的情况也大致如此，有大量的呼叫中心外包商在新西兰建立了呼叫中心，为本国的客户和与欧美等地有贸易联系的客户提供服务。

截至 2019 年底，全球共有 2900 万个呼叫中心座席，其中北美地区最大，其次是欧洲、中东和非洲、亚太地区和拉丁美洲。Synergy 研究集团的最新数据显示，2019 年第三季度，基于云的呼叫中心座席数量突破 500 万个大关，并以每年近 20％的速度增长。

2019 年，全球共新增或扩大了 285 个呼叫中心项目，共新增 133202 个座席就业岗位，其中美国开设扩大了 164 个呼叫中心项目、新增 58575 个座席就业岗位，约占 44％；其次为菲律宾，2019 年共新增和扩大了 28 个项目，创造了 44130 个座席工作岗位，约占 33％。

根据德勤 2019 年公布的《2019 年全球呼叫中心观察》，76％的呼叫中心企业将计划投资人工智能领域。2010—2019 年，全球呼叫中心产业累计投资规模不断增加，2018 年，全球呼叫中心产业投资约 4689 亿美元，2019 年到达 5392 亿美元；Data Bridge Market Research 预计，随着企业越来越多地采用物联网，呼叫中心市场预计在 2020—2027 年仍会保持 15％的复合增速。

四、我国呼叫中心的发展过程

呼叫中心在 20 世纪 90 年代被引入中国。经过 20 多年的起步发展，国内呼叫中心的规模已经越来越大，主要经历了三个阶段[5]。

第一阶段（1998—2003 年）：这一阶段是中国呼叫中心产业的建设起步阶段，同时也是高速发展阶段，呼叫中心被越来越多的行业和企业用户所接受和应用，特别是以服务为主导和信息化应用程度高的市场化行业，如证券、银行、保险、IT 行业等。2001 年到 2003 年的年增长速度分别达到了 17.6％、22％、26％。由于企业的规模大且资金雄厚,因此这一时期的呼叫中心一般是以自建、自用为主。

第二阶段(2003—2006 年):呼叫中心的发展在这段时间出现了短暂的调整期,由于行业规则和运营模式还没有完全廓清,大中小型企业用户对呼叫中心的业务需求同时放缓。这一时期呼叫中心座席的增长速度变缓。

第三阶段(2006—2010 年):呼叫中心进入第二个高速发展时期,其市场需求呈现出了多元化、多层次的特点。呼叫中心逐渐从电信、金融、保险、电力等发展较为成熟的行业向电子商务、制造业、烟草、公共事业、政府、信息技术等产业延伸,且呼叫中心已深入中小型企业并且需求逐渐增加。

2010 年至今,中国经济的飞速增长、企业服务意识的增强、电话普及率的逐渐提高、互联网的迅速普及、电信资费下调等,促使中国呼叫中心产业高速发展。经过 20 多年的发展,呼叫中心产业已经遍布我国的各行各业。中国呼叫中心座席规模近年来保持稳定增长,截至 2012 年底中国呼叫中心座席总数达到 64.72 万个,增速达到 21.13％。截至 2013 年底,中国呼叫中心市场投资额达到 900 多亿元人民币,市场投资堪比游戏行业营业额,国内呼叫中心座席规模达到 70 万个[4]。呼叫中心业务需求领域纵横发展,推动了整个呼叫中心行业规模的不断扩大。呼叫中心需求前景向好,企业规模增加。截至 2017 年底,国内已形成有一定规模的呼叫中心的企业数量约为 2160 家,较 2010 年增长了 66.2％,2010—2017年复合增长率达 7.54％。预计在各行业线上业务的进一步发展和普及下,呼叫中心行业入局企业将持续保持增长。呼叫中心智能化发展趋势,使各大企业加大了对呼叫中心的投资规模。近年来,我国呼叫中心的投资规模呈快速上升趋势,2010 年仅为 594 亿元,2017 年上升至 1821 亿元,增长了 2 倍多,年复合增长率达 17.4％,高于行业内企业数量和呼叫中心座席规模发展增速。

第二节　呼叫中心系统的运作

一、呼叫中心系统的分类

呼叫中心按照不同的标准可以进行不同的分类[87]。

（1）按照所处理的呼叫类型来分类。按照呼叫类型，呼叫中心可以分为呼入（inbound）型、呼出（outbound）型及混合型。

呼入型呼叫是指从外界拨入电话，呼叫中心是被叫方，这类呼叫中心只处理呼入型呼叫。常见的应用如为客户提供售前咨询、技术支持、咨询、受理投诉和售后服务等。这种类型对人员一般会有较高的技术性要求。

呼出型呼叫是指从呼叫中心拨出的电话，呼叫中心是主叫方。呼出型呼叫中心只处理呼出型呼叫，常应用于电话业务洽谈、信息核实、电话营销、调查问卷、督促缴费和客户关怀等业务。

混合型呼叫中心同时处理这两种类型的呼叫。现在越来越多的呼叫中心已经成为具备了呼出与呼入业务的混合型呼叫中心。呼叫中心对于处理这两种类型的呼叫，所采用的原则是全然不同的。呼入型呼叫一般需要尽快处理，如果让顾客长时间等待，顾客产生不耐烦情绪，会使企业的认可度降低，这样设立呼叫中心也没有什么意义了；而对于呼出型呼叫，处理时间相对宽松，管理者关心的是呼出的电话是否达到了所要的效果，因此侧重于对沟通技巧、顾客的心理等方面的研究。因此，在混合型呼叫中心中，优先处理的总是呼入型呼叫，当在没有呼入型呼叫的情况下才会进行呼出型呼叫。目前呼入型呼叫中心和混合型呼叫中心受到了绝大多数研究者的关注，而对呼出型呼叫中心的研究很少。

（2）按照提供的服务种类数来分类。按服务种类数，可以分成单技能呼叫中心和多技能呼叫中心两种类型。

单技能呼叫中心(single-skill call center)只能够提供一种服务,所有话务员都具有相同的技能。而多技能呼叫中心(multi-skill call center)可以提供多种服务,话务员一般拥有多种技能。但是让所有话务员掌握全部技能既不经济也不现实,所以多技能呼叫中心中一般有多类话务员,其中的同类话务员具有相同的技能和处理能力。

(3)按照座席的规模来分类。可以按照座席数量的规模对呼叫中心的规模大小进行分类[124],不同国家对于呼叫中心的座席规模的划分标准是不同的。

在中国,呼叫中心的规模可以划分为小型(50个座席及以下)、中型(51~200个座席)、大型(201个座席及以上)。从目前国内的呼叫中心来看,数量上还是以50个座席及以下的小型呼叫中心居多。

(4)按呼叫中心的建立主体归属权限分类。按照归属权,可以分为自建呼叫中心和外包呼叫中心。

自建呼叫中心是指,呼叫中心的用户(政府或企业)自己投资建设呼叫中心,其目的在于利用呼叫中心来开展自身业务,自建呼叫中心一般只用于处理与自身业务与服务相关的呼叫业务。

外包呼叫中心则指有关的用户将自身的呼叫相关业务外包给第三方的呼叫业务提供商(呼叫中心),一般要支付一定的外包费用。

二、呼叫中心系统的基本结构

一般的呼叫中心系统主要包括以下几个部分:(1)交换机:交换机负责中继的接入,话路交换分配及座席电话的管理等。(2)自动呼叫分配系统:又称排队机,主要用来处理来话呼叫,对大量的呼叫进行排队,并分配给具有适当技能和知识的座席。(3)计算机电话集成系统(CTI):计算机电话集成技术通过软硬件接口及控制设备把电话通信和计算机信息处理集成在一起,实现对语音、传真和数据通信的相互控制和综合应用。CTI

服务器对整个呼叫中心进行全面管理,是呼叫中心的硬件核心所在。(4)交互式语音应答系统(IVR):是呼叫中心系统的重要组成部分。IVR系统的主要功能是完成菜单提示、自动应答、自动转接、数据检索、录放语音等。它可以为客户提供全天24小时的自动服务。(5)数据库系统:数据库服务器是呼叫中心系统的数据信息中心,用来存放系统的呼叫记录、各种关于配置的统计数据、客户信息、座席的人事信息和业务受理、查询信息等。(6)人工座席:人工座席是为顾客提供服务的客服及相关的计算机终端设备的统称,人工座席是呼叫中心重要的软资源,在呼叫中心有着重要的价值。

另外,呼叫中心系统还包括录音系统、监听监控系统、呼叫管理系统、外拨系统、报表生成系统、呼叫计费系统、壁板显示等。典型的呼叫中心组成如图2-1所示[5]。

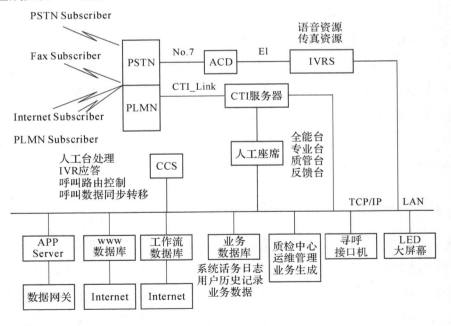

图2-1 典型呼叫中心系统组成[5]

三、呼叫中心的电话处理流程

呼叫中心的电话处理流程如图 2-2 所示,一般是这样的:假设有一个顾客,他需要通过电话向移动公司咨询业务,首先要使用电话拨打移动公司的 10086 免费客服电话。一旦电话打通,移动公司呼叫中心通过电话服务网络就可以获得关于顾客的两个重要信息:一个是来电的号码,另一个是来电的位置。

通过电话服务网络,呼入来电的电话号码到了专用自动电话交换机上。若此时在这个交换机上刚好有两个以上的呼叫,则系统将会把来电位置与电话号码捆绑在一起,进行路由策略的选择。例如,来自甲地的呼叫可能被转接到位于 A 处的呼叫中心,而来自乙地的呼叫就可能被转接到 B 处的呼叫中心。

呼入的来电被电话交换机(PBX)转接到 IVR 系统,并自动询问来电顾客的需求。具体以移动公司的呼叫中心为例来说明,顾客可能会听到一些语音,如"业务查询,请按 1"等。一般情况下,只需按照 IVR 系统的提示,一步一步操作,顾客可以在完全自助的情况下得到服务。但有时候,顾客想要直接进行人工服务,则可以按照提示操作,如"转接人工服务,请按 0",直接得到人工服务。此时,呼叫将进入自动电话分配系统,并被分配给适合的座席人员。如果此时系统中没有合适的座席人员,则 ACD 系统会让顾客等待,直到有空闲的座席为止。

顾客在排队等待的时候,电话中通常会播放一些商业信息或者音乐。在排队等待的过程中,一些顾客会出现不耐烦情绪,若认为不值得或没有必要继续等待,则会挂掉电话,这种顾客通常认为是因为不耐烦而离开。留下的顾客则等待服务完毕后离开。座席人员通常一边对顾客进行电话服务,一边操作电脑连接到信息系统,实时查询顾客的一些相关信息来进行服务,同时还能将顾客的有用信息输入电脑中。在电信企业、银行等一些大型的企业里,这个信息系统通常是由所有的有关职能部门共享,不单

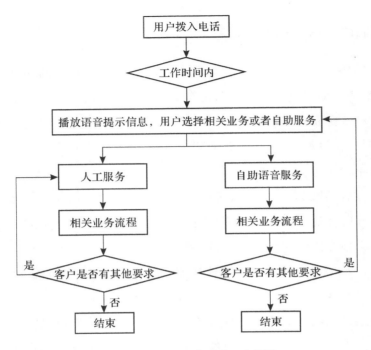

图 2-2　呼叫中心电话处理流程[5]

单为呼叫中心设计。在来电通话结束后,通常座席人员还要进行一些后续的操作,例如处理顾客的订单或者更新顾客的记录等。还有一种情况会发生,那就是这个座席人员无法处理顾客的问题,就需要把顾客转接到另外一个更合适的座席人员手上。

四、呼叫中心的人力需求问题

　　企业建设呼叫中心的目的是最大限度地提高顾客的满意度,提高顾客满意度就要提供高水平的服务,要保证在短时间内大多数的呼叫能够得到应答,而要达到这个目的,安排尽可能多的话务员上班是最简单的办法;但是,由于呼叫中心系统运营开销中的最大支出就是人力成本,国外人力成本占总成本的 75% 左右[111],我国人力成本也占到总成本的50%[112]。因此考虑到节约成本,提高服务水平并不能仅仅依靠增加座席的数目。为了保证高质量服务的同时尽可能地节约人力资源,呼叫中心的管理者面临着战略决策、人力资源安排、即时控制等几个方面的主要决策问题。

战略决策包括呼叫中心的中长期规划问题,如人员招募培训、确定电话线路数、提供哪些服务等。人力资源安排即为了达到某个预定的服务目标来安排现有的人力资源。即时控制,即系统运行过程中遇到的即时决策问题,单技能呼叫中心所面临的主要决策问题是人力资源安排问题,而多技能呼叫中心同时面临着人力资源安排和与服务水平相关的即时控制问题,即多技能呼叫中心的路由问题。

呼叫中心的人力资源安排是一个比较复杂的问题,主要由以下三个步骤构成:

(1)预测呼叫量。呼叫量的预测一般是先利用呼叫中心的历史呼叫数据进行建模,然后预测将来一段时间内的呼叫信息。一般而言,呼叫量存在周期性规律,呼叫时长服从简单的统计规律。总体而言,呼叫量的短期规律并不明显,很难把握,但长期规律一般比较明显,可以利用规律对呼叫量进行预测。通常以时段为单位进行呼叫量预测。

(2)计算人力需求量。人力需求的计算一般要考虑到预测的各时段呼叫量、服务水平、呼叫时长、话务员的技能等条件,计算出要达到给定的服务质量要求,各班次所需要的座席数目。

(3)制定排班表。根据计算出的各个班次的人力需求,制定话务员实际的上班排班表。制定排班表时有许多因素需要考虑,而且还有各种各样的限制条件,比如工作时间,上班天数太多会导致话务员的不满,且国家相关法规有上班时长的限制。因此呼叫中心会对话务员每月上班的天数进行限定。相反,如果上班时长太短或者天数太少,则意味着人力资源的浪费,还会导致话务员的业务水平有所下降。制定班表时要考虑的因素还有很多,比如个人因素,如员工的休假要求,员工对班次的个人偏好及前面提到的均衡性等。

本书主要研究的是人力需求问题,人力需求需要达到一定的服务质量,则如何量化服务质量是一个重要的问题。服务质量涉及多方面的内容,主要包括:首先,话务员的可达性,顾客总希望尽快得到服务,长时间的等待会使其变得不耐烦,从而降低对企业的认可度。其次,话务员的工作效率,涉及话务员的一些专业技能,比如话务员处理来电时是否熟练精确,是否完全解决了顾客的问题。若话务员没能完全解决问题,顾客可能会重新来电寻求服务,这将造成资源的浪费。最后,话务员的态度,例如语气是否客气礼貌,能否主动为顾客考虑,帮助顾客解决一些可能出现的问题等。

由于以上分析的几个方面中很多并没有直观的量化方法,业界通常以话务员的可达性作为量化服务水平的依据,将服务水平定义为:在时间 T 内得到服务的呼叫数占总呼叫数的比例 a,T 与 a 的取值根据不同的应用背景会有所不同[109]。例如,对于处理紧急事件的呼叫中心,T 一般设置为 0,a 则为 100%。通常呼叫中心遵循"80/20"法则(源于经济学中的帕累托法则[106]),即要求在 20 秒钟内系统中 80% 的呼叫能够得到服务。服务水平也称为电话服务因子(telephone service factor,TSF)。

通常呼叫中心系统将服务的时间划分成多个不重叠的时段(如 10～30 分钟为一个时段),每个时段一般都会设置不同的服务水平要求,除此之外,呼叫中心系统还会设置一个整体的服务水平要求[109]。目前呼叫中心最重要也是最常用的服务质量指标为服务水平,但服务水平反映不了用户放弃呼叫的情况,所以也存在一定的片面性,用户放弃呼叫的情况对服务水平还是会产生一定的影响。因此 Mandelbaum 等[110]建议将用户放弃的概率考虑进去,把服务水平具体分为 4 个部分,分别为:T 时间内得到服务的顾客比例、等待时间超过 T 且得到服务的顾客比例、ε 时间内放弃的顾客比例、等待时间超过 ε 且最后放弃的顾客比例。其中 ε 表示一个非常小的时间长度(如 5 秒),通常用这个指标来区分顾客是否是因为不耐烦而离开;如果顾客在很短的时间内就选择了放弃,可能是由于拨错号码等其他原因。除了服务水平和放弃概率,呼叫中心还关心顾客立刻得到服务的概率和平均应答时间(average speed of answer,ASA)等指标,这些指标都可以侧面反映服务水平。

另外对于多技能呼叫中心还涉及路由问题,基于技能的路由问题是多技能呼叫中心所特有的,多技能呼叫中心可以提供多种服务,不同的服务对应不同的话务员技能,基于技能的路由保证了呼叫请求被转交给合适的话务员去处理。

多技能呼叫中心的路由问题可以分为座席选择策略与呼叫选择策略两部分。举例来说,假如某多技能呼叫中心有两类座席,第一类拥有技能1和技能2,第二类拥有技能2和技能3。当有一个第2种类型的呼叫到达时,将这个呼叫具体分配给哪类座席接听需要用一些策略来决定,这些策略即为座席选择策略。当某个座席完成服务后,接下来要接听哪种类型的来电,同样需要用一些策略来决定(第一类座席要在类型1、2间选择,第二类座席要在类型2、3间选择),这些策略即为呼叫选择策略。路由策略是求解人力需求问题时必须考虑的因素,一般情况下,即便是同样的班次方案,采用不同的路由策略最终得到的服务水平也可能会相差很大。合理高效的路由策略可以更充分地利用现有人力资源,实现使用最少的人力达到最高的服务质量的目标。

一个呼叫中心若要运行良好,就必须达到服务水平与服务成本之间的平衡,但这很不容易达到。首先,呼叫中心系统的座席服务率、电话到达率及顾客自身的一些行为都是随机变量,缺少合理的模型进行有效的预测。其次,呼叫中心电话的到达通常随时间发生变化,一般呼叫的高峰期会出现在某一个时间段,其他时间段呼叫量可能比较小。如果按照呼叫量大的时间段配置人力资源,则其他时期的资源利用率会偏低,如果按一般的呼叫量来配置,又会使高峰期的服务水平太低。再次,一些大型的呼叫中心,往往会提供10多种电话服务类型,让每一个座席人员都掌握全部技能既不经济也不可能,所以座席人员通常只拥有一种或几种应答技能。而目前缺乏合理的模型来计算多技能的人员的需求水平并对他们进行排班。每一个呼叫中心都希望在服务成本与服务质量平衡的情况下运营。因此,呼叫中心为了达到最佳的平衡,需要预测呼叫量,计算人力需求,进行排班并对班次进行优化。如果需要进行外包,还要设计外包合同及合理的外包路由。在当今呼叫中心多技能化和大型化的影响下,上面这些关键问题都变得难以求解,并且更加复杂。

随着信息技术的不断进步,呼叫中心在各个行业中所扮演的角色也在发生变化,呼叫中心与计算机技术配合现代网络通信技术,使呼叫中心的运作有了新的面貌。呼叫中心在客户关系管理战略中也发挥着至关重要的作用,可以说它既是企业接触客户的最前线,也是企业发展的驱动力。未来呼叫中心产业的发展前景无限,呼叫中心系统也会越来越方便人民的生活。

第三节　排队系统

一、呼叫中心系统与排队系统的关系

在对呼叫中心系统进行研究时,理论上把呼叫中心看作一个排队网络,采用排队论的方法来研究和解决。呼叫中心主要利用排队模型来计算人力需求问题,排队模型法速度快,并且非常具有逻辑性。

一般地,单技能呼叫中心可简单地描述为宋美娜等提出的图 2-3 所示的排队模型[123]。其基本组成为:呼叫中心系统中有 k 条通信线路,呼叫中心共有 w 个工作台(座席的最大数目),N 个可以提供服务的座席。呼叫中心基本的处理流程为:当有一个呼叫到达时,如果 k 条通信线路都被占用,则收到"忙"的信号,不能进入系统。否则,它就被连接到呼叫中心,并占用 k 条通信线路中的一条。如果正在服务的座席数目小于 N,则该呼叫立即得到服务,如果正在服务的座席数目等于 N,则呼叫按照先到先服务的规则在队列中排队等待,直到有座席可以提供服务。在等待过程中,可能发生顾客因为不耐烦而放弃等待的情况。离开的顾客可永久离开,也可能会再次重试。

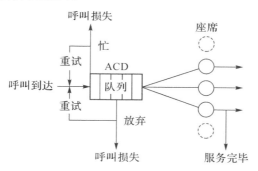

图 2-3 呼叫中心的基本排队模型

排队论又名随机服务系统理论,是运筹学的重要分支,是研究拥挤现象的一门数学学科,它通过研究各种服务系统在排队等待中的概率特性,来解决系统的最优控制和最优设计。排队论起源于 20 世纪初,丹麦数学家、电气工程师埃尔朗(Erlang)用概率论的方法研究了电话通话问题,从而开创了这门应用数学学科。之后,经过国内外的数学家和运筹学家的努力,排队论已经发展成一门成熟的理论,在科学技术及国民经济发展中起到了重要的作用。

在生活中,经常会遇到一些排队现象[114~115],比如:在火车站售票口,等待买火车票的乘客要排队;在超市收银台等待付款的顾客要排队;在医院病人等待看病要排队;在银行等待办理存取款业务的顾客要排队;另一种排队是物的排队,如汽车在加油站排队等待加油;电脑中文件排队等待打印等。这些排队现象有个共同的特点,即等待。这是因为在总的服务能力有限的情况下,如果大家都同时需要这种服务,则难免会出现等待,也就是会出现排队现象。

排队现象通常由要求得到服务的一方和给予服务的一方构成,习惯上把要求得到服务的一方称为顾客,给予服务的一方统称为服务员或服务台。因此随机服务系统即为顾客与服务台构成的排队系统。各种各样不同的服务和顾客组成了形形色色的排队系统。

排队现象有的是以有形的形式出现,例如在火车站售票口等待买火车票等,这种排队称为有形排队;而有的是以无形的形式出现,例如有许多顾客同时打电话到航空公司订购飞机票,当有顾客正在通话时其他顾客就不得不等待,他们可能不在同一个地方,却形成了一个无形的排队等待服务,这种排队称为无形排队。呼叫中心系统就是这样的无形排队。

二、排队论研究的主要问题

排队论主要通过研究服务系统在排队等待中的概率特性,来解决系统的最优设计和最优控制问题。在各种排队系统中,随机性是它们的一个共同特性,而且起着根本性的作用。顾客的到达间隔时间与顾客所需的服务时间中,至少有一个要具有随机性,否则问题就太简单了。排队论主要研究的是描述系统的一些主要指标的概率特性,分为三大部分[115]:

(1)排队系统的性态问题。研究排队系统的性态问题就是研究各种排队系统的概率规律,主要包括系统的队长(系统中的顾客数)、顾客的等待时间、逗留时间和忙期等的概率分布,包括它们的瞬时性态和统计平衡下的性态。排队系统的性态问题是排队论研究的核心,是排队系统的统计推断和最优化问题的基础。从应用方面考虑,统计平衡下的各个指标的概率性质尤其重要。

(2)排队系统的统计推断。为了了解和掌握一个正在运行的排队系统的规律,就需要通过多次观测、搜集数据,然后用数理统计的方法把得到的数据进行加工处理,推断所观测的排队系统的概率规律,从而应用相应的理论成果来研究和解决该排队系统的有关问题。排队系统的统计推断是已有理论成果应用实际系统的基础性工作,结合排队系统的特点发展这类特殊随机过程的统计推断是非常必要的。

（3）排队系统的最优化问题。排队系统的最优化包括系统的最优设计（静态最优）和已有系统的最优控制（动态最优），前者是在服务系统设置之前，对未来运行的情况有所估计，使设计人员有所依据，例如电话局的规模、水库容量的大小、机场跑道数目的设计等；后者是为已有的排队系统寻求最优运行策略，例如去库房领取工具，当排队领取工具的工人太多，就增设服务员，这样虽然增加了服务费用，但减少了工人领取工具的等待时间，即增加了工人有效的生产时间，这样带来的好处可能远远超过服务费用的增加。因此，对一个排队系统的设计或运行管理，需要考虑顾客与服务双方的利益，以便在合理的指标上使系统最优化。对大多数实际系统来说，若把输入看作由客观条件决定的，不受控制（有时也可采取控制输入的手段），则解决这种问题的关键是确定服务率、服务台数、选取顾客的服务规则或这几种变量的组合，使系统在某种意义下达到最优。优化的指标函数可以是时间，也可以是费用或收入。学习和应用排队论知识就是要解决客观系统的最优设计或运行管理，创造更高的经济效益和社会效益。

排队论的理论基础是概率论与随机过程，排队论已经发展了近一个世纪，特别是近 50 年来，排队论的理论与随机过程的整体性的研究，促进了两者的共同发展，形成了一系列比较成熟的研究方法，并取得了丰富的成果。在排队系统的分析中常用的过程是马氏过程、更新过程，近年来还出现了半马氏过程。当系统为非马氏过程时，在基本过程中往往确定再生点（如在 GI/M/1 系统中，到达时刻是再生点）是可能的。因此，在排队模型的分析中，更新理论便成了方便的工具。有许多基本的排队过程虽不具有马氏结构，但却具有半马氏结构，因此，半马氏过程通常用来分析某些复杂的排队系统。

三、排队系统的组成

一般排队系统由到达过程与到达规则、排队规则、服务台的设置、服务时间与服务规则构成。

到达过程是指顾客的到达规律,一般是用顾客的到达时间间隔来描述,根据到达间隔时间所服从的分布,到达过程可分为负指数分布(泊松分布)、定长分布、几何分布(伯努利分布)、埃尔朗分布、一般分布与负二项分布。到达规则是指顾客的到达过程,又可分为单个到达、成批到达、依时到达等。一般情况下,不特别说明的话,顾客到达指单个到达,即每次只到达一个顾客。

排队规则通常可分为等待制、损失制和混合制三种。在前两种制度中一般又可分为先来先服务(FCFS)、后来先服务(LCFS)、随机服务(ROS)、优先抢占服务、优先非抢占服务等。在混合制中又分为队长(容量)有限和等待时间有限。一般情况下,总是认为系统的排队规则为等待制先来先服务。

服务台的设置一般可分为单服务台和多服务台,多服务台又可分为有限个服务台和无限个服务台两种情况,在多个服务台中又可分为串联、并联两种情况,一般排队系统服务台均为并联的。

服务时间通常是指服务一个顾客所用的时间,按照其分布,一般可分为指数分布、定长分布、一般分布与几何分布等。服务规则分为无假时间与有假时间两类。

基本的排队系统有单服务员排队系统和多服务员排队系统,多服务员排队系统又分为排成一个队列和排成多个队列两种情况,具体排队状态如图 2-4 至图 2-6 所示。

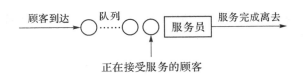

图 2-4 单服务员排队系统

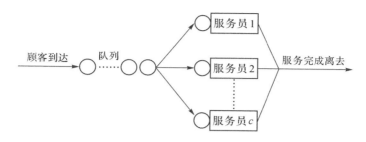

图 2-5　多服务员排成一个队列的排队系统

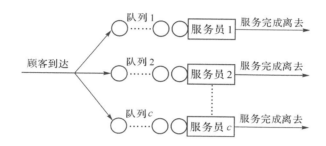

图 2-6　多服务员排成多个队列的排队系统

　　开始人们用三个字母组成的符号 A/B/C 表示排队论系统,其中第一个字母 A 表示顾客到达间隔时间分布,第二个字母 B 表示服务时间的分布,第三个字母 C 表示系统中服务台的个数。一般用 M 表示指数分布,用 Er 表示 r 阶埃尔朗分布,用 Geo 表示几何分布,用 G 表示一般分布。比如,M/M/n 表示到达过程和服务时间均服从指数分布且服务机构有 n 个服务台的排队系统。再比如 M/G/1 表示到达过程是泊松过程,服务时间服从一般分布,且只有一个服务台的排队系统。后来人们又在后面增加了两个字母,用来表示系统的容量大小及输入过程中的顾客数。

四、经典排队模型

(一)M/M/c/∞排队系统

　　本节所列的经典排队模型均来自唐应辉等的《排队论——基础与应用》[115]。M/M/c/∞排队考虑系统中有 $c(c \geqslant 1)$ 个服务台独立的并行服务,当顾客到达时,若有服务台空闲,则马上接受服务;若没有空闲的服务台,则排队等待,直到有空闲的服务台时再接受服务。假设顾客按照参数为 $\lambda(\lambda>0)$ 的泊松过程到达,每个顾客所需要的服务时间独立同分布,都服从参数为 $\mu(\mu>0)$ 的负指数分布,到达与服务是彼此独立的,而且系统的容量为无限大。

设 $N(t)$ 表示在时刻 t 系统中的顾客数,令

$$p_{ij}(\Delta t)=P\{N(t+\Delta t)=j\,|\,N(t)=i\} \tag{2-1}$$

则易得

$$p_{ij}(\Delta t)=\begin{cases}\lambda\Delta t+o(\Delta t), & j=i+1,i\geqslant 0,\\ i\mu\Delta t+o(\Delta t), & j=i-1,i=1,2,\cdots,c-1,\\ c\mu\Delta t+o(\Delta t), & j=i-1,i=c,c+1,\cdots,\\ o(\Delta t), & |i-j|\geqslant 2,\end{cases} \tag{2-2}$$

于是 $\{N(t),t\geqslant 0\}$ 为 $E=\{0,1,2,\cdots\}$ 上的生灭过程,其中

$$\lambda_j=\lambda,j\geqslant 0;\mu_j=\begin{cases}j\mu, & 1\leqslant j\leqslant c-1,\\ c\mu, & j\geqslant c\end{cases} \tag{2-3}$$

则令 $\rho=\dfrac{\lambda}{\mu}$,当 $\rho_c\equiv\dfrac{\lambda}{c\mu}<1$ 时,系统有平稳分布,设 p_j 表示系统处于平衡后,系统中有 j 个顾客的概率,则

$$p_j=\begin{cases}\dfrac{1}{j!}\rho^j p_0 & 1\leqslant j\leqslant c-1\\ \dfrac{1}{c^{j-c}c!}\rho^j p_0 & j\geqslant c\end{cases} \tag{2-4}$$

式中

$$p_0=\left[\sum_{j=0}^{c-1}\frac{\rho^j}{j!}+\frac{c\rho^c}{c!(c-\rho)}\right]^{-1} \tag{2-5}$$

系统的平均等待队长为

$$\bar{N}_q=\frac{\rho_c}{(1-\rho_c)^2}p_c \tag{2-6}$$

系统的平均队长为

$$\overline{N} = \rho + \frac{\rho_c}{(1-\rho_c)^2} p_c \qquad (2-7)$$

当 $\rho = \dfrac{\lambda}{c\mu} < 1$ 时,在统计平衡下,顾客的等待时间分布函数为

$$W_q(t) = 1 - \frac{p_c}{1-\rho_c} e^{-\mu(c-\rho)t}, t \geqslant 0 \qquad (2-8)$$

顾客的平均等待时间为

$$\overline{W}_q = \frac{\rho_c}{\lambda (1-\rho_c)^2} p_c \qquad (2-9)$$

逗留时间的分布函数为

$$W(t) = \begin{cases} 1 - e^{-\mu t}\left(1 + \dfrac{p_c}{1-\rho_c}\mu t\right), & \rho = c-1 \\[3mm] 1 - e^{-\mu t} - \dfrac{p_c}{(c-\rho-1)(1-\rho_c)}(e^{-\mu t} - e^{-\mu(c-\rho)t}), & \rho \neq c-1 \end{cases}$$

$$\qquad (2-10)$$

则平均逗留时间为

$$\overline{W} = \overline{W}_q + \frac{1}{\mu} = \frac{\rho_c}{\lambda (1-\rho_c)^2} p_c + \frac{1}{\mu} \qquad (2-11)$$

（二）M/M/c/c 损失制排队系统

对于 M/M/c/c 损失制排队系统来说,如果顾客到达时有服务台空闲,他就立刻进入服务,否则将离开并永不再来。假设顾客按照参数为 λ（$\lambda > 0$）的泊松过程到达,顾客的服务时间独立同分布,都服从参数为 μ（$\mu > 0$）的负指数分布,系统容量是有限的,为 c,到达与服务是彼此独立的。

令 $\rho = \dfrac{\lambda}{\mu}$,设 p_j 表示系统中有 j 个顾客的概率,则

$$p_j = \frac{\rho^j}{j! \displaystyle\sum_{i=0}^{c} \frac{\rho^j}{i!}}, \quad j = 0,1,2,\cdots,c \qquad (2-12)$$

此公式即为著名的埃尔朗公式。

顾客损失的概率（即 c 个服务台均忙的概率）为

$$p_c = \frac{\rho^c}{c!\sum_{i=0}^{c}\frac{\rho^i}{i!}} \qquad (2\text{-}13)$$

此公式即为著名的埃尔朗损失公式，至今在电话交换站的设计中起着重大作用。

由于系统不允许排队，所以平均队长 $\bar{N}=\rho(1-p_c)$，等待队长 $\bar{N}_q=0$，平均等待时间 $\bar{W}_q=0$，平均逗留时间 $\bar{W}=\frac{1}{\mu}$。

第四节　本章小结

本章主要围绕呼叫中心系统及其相关理论进行介绍。呼叫中心部分首先详细介绍了呼叫中心的起源和国内外发展历程，然后介绍了呼叫中心系统的运作情况，包括呼叫中心的分类、呼叫中心系统的基本组成结构和呼叫中心来电的处理流程，另外还介绍了呼叫中心的人力需求问题。人力需求问题是呼叫中心研究的一个重要问题，因此本书主要对人力需求问题展开研究。

与呼叫中心密切相关的排队论部分，首先详细介绍了呼叫中心与排队论的关系、排队论的主要研究内容和排队系统的主要组成部分，最后介绍了本书会用到的典型排队模型的一些结果。由于本书主要应用排队模型来求解人力需求问题，因此对排队论做了详细介绍。

第三章 Ｎ型多技能呼叫中心的
排队模型解析和人力需求计算

近些年来,随着呼叫中心产业的快速发展,大量的呼叫中心从单技能向多技能转变。在单技能的呼叫中心里,所有的来话没有差别,所有座席人员都是相同的,座席人员可以处理任意一种电话。而在多技能呼叫中心,来话分为不同类型,座席人员掌握一种或者多种技能,可以接听和处理一种或者几种相应类型的电话。N型呼叫中心就是这样一种多技能呼叫中心,系统中有两种类型的顾客到达,有两类拥有不同技能的座席组为顾客服务。

N型呼叫中心在实际呼叫中心系统中应用得比较广泛,如银行、航空公司等呼叫中心的顾客类型分为VIP顾客和普通顾客两种。因为VIP顾客比较重要,可以带来更大的价值,因此要求座席代表首先为VIP顾客服务,因此呼叫中心有部分座席代表是专门为VIP顾客服务的。而另外一部分主要为普通顾客服务,在忙时也为VIP顾客服务。这样座席代表就分成了两组,一组拥有两种技能,另一组则只拥有一种技能。相应的电话也分成了两类,一类是VIP顾客电话,一类是普通顾客电话。再比如由于国际化的发展,出现了很多双语呼叫中心系统,既可以为说中文的顾客服务,也可以为说英文的顾客服务。这样的系统要求客服人员掌握两种语言,让所有客服人员都掌握这两种语言既不现实也不经济,因此,实际呼叫中心系统中只有部分客服是掌握这两种语言的。这样呼叫中心就分成了两个技能组,一个技能组掌握两种语言,而另一个技能组只掌握一种语言。

本章首先建立起N型多技能呼叫中心的排队模型和人力需求计算模型,然后依次求解模型中需要的系统稳态概率和服务水平,再对人力需求模型进行求解,最后给出数值实验结果与分析。

第一节　模型的建立

一、问题的描述

本章研究一个 N 型多技能呼叫中心排队模型,模型中有两种类型的顾客和两类座席组,其排队模型如图 3-1 所示。

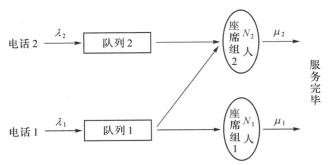

图 3-1　N 型多技能呼叫中心排队模型

模型中的其他假设如下:

(1)电话到达过程。到达呼叫中心的电话有两种类型,分别表示为电话 1 和电话 2。这两种电话的到达是互相独立的,且分别服从到达率为 λ_1 和 λ_2 的泊松过程。同时假设打入呼叫中心的电话,通过呼叫中心前端的自助选择等系统,能够准确分辨出两种电话并归类。

(2)服务时间。系统有两类座席组,分别拥有不同的技能,其中座席组 1 是单技能的,只拥有技能 1,只能为电话 1 服务,服务时间服从指数分布,服务率为 μ_1,拥有座席人数 N_1。座席组 2 同时拥有技能 1 和技能 2,是全技能的,既可以为电话 1 服务,也可以为电话 2 服务,服务时间也服从指数分布,服务率为 μ_2,座席人数为 N_2。假设座席组 2 对不同电话类型的服务率是相同的,同时假设被接到座席的电话都能够被一次性满意服务,即不会出现电话在不同的座席之间转接的情况。

（3）路由策略。本模型的路由策略是基于技能的路由,同时考虑两种不同类型呼叫的重要性,这里假设第 1 类电话比第 2 类电话重要,即电话 1 对电话 2 具有非抢占优先权。当呼叫到达时,电话 2 被分配给座席组 2 进行服务,当座席组 2 全部忙碌时,则进入队列 2 排队等待服务。而电话 1 则优先分配给座席组 1 服务,当座席组 1 全部忙碌时则选择座席组 2 的空闲座席进行服务;若座席组 2 也全部忙碌,则进入队列 1 排队等待。当座席结束服务时,座席组 1 只能选择电话 1 进行服务。而座席组 2 则优先选择电话 1 进行服务,当电话 1 没有排队时,则选择电话 2 进行服务。

（4）排队规则。两种类型电话的队列是相互独立的。假设排队空间无限,即电话不会因为排队空间不够而被系统放弃,对于同一类型的电话都是先到先服务。

二、人力需求计算模型的建立

本章要求解 N 型多技能呼叫中心系统的时段人力需求计算问题,人力资源不仅是呼叫中心运营成本中很重要的一部分内容,而且是呼叫中心提供高质量服务的重要保障。因此这里主要来看人力成本,通常呼叫中心的人力成本包括座席人员的人力资源费用和管理的人力资源费用,这里只考虑呼叫中心花费在每个座席人员身上的费用,即每个座席人员每个月的工资费用。假设座席组 1 中每个人的人力成本为 C_1（千元）,座席组 2 中每个人的人力成本为 C_2（千元）,则可得到人力需求计算的模型为:

$$\min Z = C_1 N_1 + C_2 N_2$$

s. t.　$P_{sl}^1 \geqslant \alpha_1$

$P_{sl}^2 \geqslant \alpha_2$

$1 \leqslant N_i \leqslant b_i$　　　　　　　　　　　　　　　　(3-1)

$N_i, b_i \in Z^+, i = 1, 2$

式中目标函数为求得最优的座席组 1 的人数 N_1 和座席组 2 的人数 N_2 以使人力成本 Z 值最小,人力成本 Z 即为呼叫中心所有座席每个月的工资费用总和。呼叫中心约束条件表示每类电话的服务水平分别大于等于 α_1 和 α_2,其中 P_{sl}^1 和 P_{sl}^2 分别表示电话 1 和电话 2 的服务水平,N_1 和 N_2 为要求解的未知正整数。由实际问题,呼叫中心的人数是有限的,N_1 和 N_2 有一定的数值范围。b_i 为人数的上限,即 N_1 最少为 1 人,最多不能超过 b_1 人,N_2 最少为 1 人,最多不能超过 b_2 人,这里要寻找最优的 N_1 和 N_2 使人力成本最小。

由人力需求计算模型可见,要求解出最优的座席数目,首先要给出系统服务水平的计算公式,而服务水平的计算则需要系统排队状态的稳态概率值。因此本书采用排队模型法来进行服务水平的计算,利用排队模型给出系统的稳态概率。接下来将依次对人力需求问题需要的稳态概率和服务水平进行求解,从而最终对人力需求问题进行求解。

第二节　排队模型稳态概率的计算

一、状态空间的划分

下面给出系统的状态空间。已知座席组 1 的服务员数目为 N_1,座席组 2 的服务员数目为 N_2,假设 $N_1(t)$ 表示时刻 t 系统中座席组 1 前面的顾客数(包括正在被服务的顾客),$N_2(t)$ 表示时刻 t 系统中座席组 2 前面的顾客数(包括正在被服务的顾客),即时刻 t 系统中两个队列的队长,

$t \geqslant 0$, 则 $\{N_1(t), N_2(t), t \geqslant 0\}$ 为二维马尔可夫过程, 其状态空间为 $E = \{(n_1, n_2), n_1 \geqslant 0, n_2 \geqslant 0\}$。根据前面路由策略的设置, 则系统的所有状态可以按照字典序表示如下:

$(0,0)(0,1)(0,2)\cdots(0,N_2-1)(0,N_2)(0,N_2+1)\cdots$

$(1,0)(1,1)(1,2)\cdots(1,N_2-1)(1,N_2)(1,N_2+1)\cdots$

$(2,0)(2,1)(2,2)\cdots(2,N_2-1)(2,N_2)(2,N_2+1)\cdots$

$\cdots\cdots$

$(N_1,0)(N_1,1)(N_1,2)\cdots(N_1,N_2-1)(N_1,N_2)(N_1,N_2+1)\cdots$

$(N_1+1,N_2)(N_1+1,N_2+1)\cdots$

$(N_1+2,N_2)(N_1+2,N_2+1)\cdots$

$\cdots\cdots$

其状态转移图如图 3-2 所示。

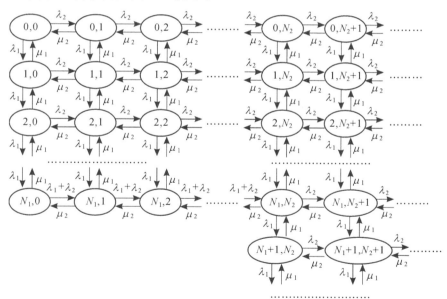

图 3-2　N 型多技能呼叫中心所有状态的状态转移

由图 3-2 的状态转移过程可见, 系统存在无穷多个状态, 如果要求出无穷多个稳态概率,每一个状态的稳态概率计算将非常复杂。而本书要计算人力需求的服务水平,只要有排队状态的概率即可。因此本书将这无穷多个小的状态划分成有限的大的状态集合,求出状态集合之间的转移率,并求出每个状态集合的稳态概率,则会大大简化计算量。戴韬等[67]通过座席组在系统中是否有电话排队来进行状态集合的划分,将状态集分为有电话排队和无电话排队两种情况,但是这种划分方法不适合本书讨论的情况。因为座席组 2 的到达率跟座席组 1 的状态有关,这种相关性不能单以座席组 1 是否有排队来划分。假设座席组 1 外面没有排队,此时仍然存在座席组 1 恰好满和有空闲两种情况,这两种情况下,座席组 2 到达率也是不同的,分别是 $\lambda_1 + \lambda_2$ 和 λ_2。因此不能单纯地按有无排队来划分状态。

本书利用座席组所处的不同状态来进行状态集合的划分,N 型模型的技能组有 2 个,每个技能组有 3 种状态[空闲状态($n<N$)、恰好满状态($n=N$)、忙碌状态($n>N$)]。从理论上讲,整个系统有 $3^2 = 9$ 种状态,但因为模型本身路径的问题,有两个状态是不存在的,分别为座席组 1 忙碌而座席组 2 空闲,和座席组 1 忙碌而座席组 2 恰好满。因此实际状态集的个数为 7 个,设 $S_i(i=1,2,\cdots,7)$ 表示具体的状态集,则状态集的划分和状态转移情况如图 3-3 所示。

图 3-3 中的箭头表示的是状态集与状态集之间的转移,没有箭头连接则表示两个状态集之间不可能直接达到。为了能够方便清晰地分析状态集之间的转移关系,设每个状态集的稳态概率为 $P_i(i=1,2,\cdots,7)$,状态转移率为 $q_{i-j}(i,j=1,2,\cdots,7)$。

二、平衡方程的建立

下面建立系统的平衡方程从而计算系统各个状态集的稳态概率。通过分析状态转移图可见,状态集之间的转移只发生在状态集的边界状态下,状态集内的各座席组之间相互独立,状态集之间的转移其实只是某一

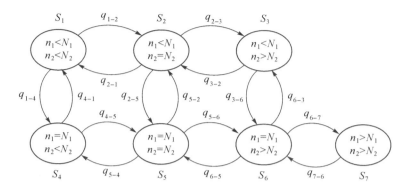

图 3-3 N 型多技能呼叫中心状态集的状态转移

个座席组的状态发生了变化。对于本书的呼叫中心排队模型来说，引起状态变化的只有两种情况：电话到达和座席组完成服务。下面通过对这两种情况的分析来说明状态转移率的计算。

（一）电话到达引起的状态变化

以状态集 S_1 中座席组 1 的状态为例，其状态转移如图 3-4 所示。

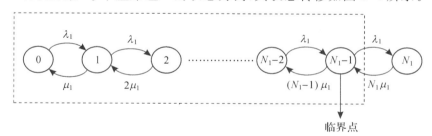

图 3-4 状态集 S_1 中座席 1 的状态转移

当 $n_1 \leqslant N_1 - 2$ 时电话 1 到达，系统状态仍停留在状态集 S_1，当 $n_1 = N_1 - 1$ 时电话 1 到达，则系统将跳出状态集 S_1，转移到状态集 S_4。状态集 S_1 到状态集 S_4 转移的触发是电话 1 的到达，到达率为 λ_1，因此可以得到状态集 S_1 到状态集 S_4 的转移率为：

$$q_{1-4} = \lim_{\Delta t \to 0} \frac{P_{S_1 \cdot S_4}(\Delta t)}{\Delta t}$$

$$= \lim_{\Delta t \to 0} \frac{P(n_1 = N_1 - 1 \bigcap \Delta t \text{ 时间内第一类顾客到达一个而服务未完成})}{\Delta t}$$

$$= \lim_{\Delta t \to 0} \frac{P(n_1 = N_1 - 1) \cdot P(\Delta t \text{ 时间内第一类顾客到达一个而服务未完成} | n_1 = N_1 - 1)}{\Delta t}$$

$$= \lim_{\Delta t \to 0} \frac{(\lambda_1 \Delta t + o(\Delta t)) \times P(n_1 = N_1 - 1)}{\Delta t}$$

$$= \lambda_1 \times P(n_1 = N_1 - 1) \tag{3-2}$$

式中 $P_{S_1, S_4}(\Delta t)$ 表示 Δt 时间内，由状态集 S_1 转移到状态集 S_4 的概率，$P(n_1 = N_1 - 1)$ 是状态集 S_1 下座席组 1 前第一种类型的电话数 $n_1 = N_1 - 1$ 时的概率，由于两种类型的电话队列是相互独立的，且在状态集 S_1 下 $n_1 < N_1$，$n_2 < N_2$，因此可用 M/M/c/c 的损失制排队系统来描述可得：

$$P(n_1 = N_1 - 1) = \frac{\frac{1}{(N_1 - 1)!} \left(\frac{\lambda_1}{\mu_1}\right)^{N_1 - 1}}{\sum_{j=0}^{N_1} \frac{\left(\frac{\lambda_1}{\mu_1}\right)^j}{j!}} \tag{3-3}$$

类似分析还可以得到剩下的 7 个由电话到达引起的状态转移率，如下所示：

$$q_{1-2} = P(n_2 = N_2 - 1) \times \lambda_2; \qquad q_{2-3} = \lambda_2;$$

$$q_{2-5} = P(n_1 = N_1 - 1) \times \lambda_1; \qquad q_{3-6} = P(n_1 = N_1 - 1) \times \lambda_1;$$

$$q_{4-5} = P(n_2 = N_2 - 1) \times (\lambda_1 + \lambda_2); \qquad q_{5-6} = \lambda_1 + \lambda_2;$$

$$q_{6-7} = \lambda_1 \text{。}$$

（二）座席服务结束引起的状态变化

当座席结束服务后，会自动寻找系统内是否有排队等待的电话可以由自己来服务，这也会导致系统状态的变化。一种座席结束服务导致的状态变化是座席组从恰好没有排队的状态变成有座席空闲的状态，比如状态集 S_2 会因为座席组 2 完成服务而回到状态集 S_1，如图 3-5 所示。

此时可以得到状态集 S_2 到状态集 S_1 的转移率为：

$$q_{2-1} = N_2 \mu_2 \tag{3-4}$$

类似分析还可以得到如下 4 个转移率：

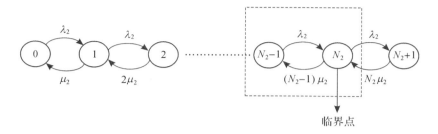

图 3-5　状态集 S_2 中座席 2 的状态转移

$$q_{4-1}=N_1\mu_1；\quad q_{5-4}=N_2\mu_2；\quad q_{5-2}=N_1\mu_1；\quad q_{6-3}=N_1\mu_1$$

还有一种座席完成服务导致的状态变化是从座席组有排队到座席组恰好没有排队的状态。例如状态集 S_3 中的座席组 2，随着座席组 2 完成服务可能出现由状态集 S_3 到状态集 S_2 的转移，转移图如图 3-6 所示。

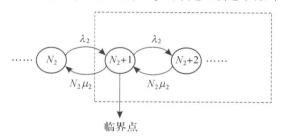

图 3-6　状态集 S_3 中座席 2 的状态转移

类似于电话到达时转移率的求法，可以得到转移率为：

$$q_{3-2}=P(n_2=N_2+1)\times N_2\mu_2 \tag{3-5}$$

在排队队列无限长的假设下，可以利用 M/M/c 排队[115]来描述这个过程，因此可以得到

$$P(n_2=N_2+1)=\frac{1}{N_2 N_2!}\left(\frac{\lambda_2}{\mu_2}\right)^{N_2+1}P_0 \tag{3-6}$$

式中

$$P_0=\left[\sum_{j=0}^{N_2-1}\frac{\left(\frac{\lambda_2}{\mu_2}\right)^j}{j!}+\frac{N_2\left(\frac{\lambda_2}{\mu_2}\right)^{N_2}}{N_2!\left(N_2-\frac{\lambda_2}{\mu_2}\right)}\right]^{-1} \tag{3-7}$$

同样分析还可以得到如下 2 个转移率：

$$q_{6-5} = P(n_2 = N_2 + 1) \times N_2 \mu_2;$$

$$q_{7-6} = P(n_1 = N_1 + 1) \times (N_1 \mu_1 + N_2 \mu_2)$$

三、稳态概率的计算

由前面对电话到达和座席完成服务两种情况的分析得到了 16 个状态转移率，由此可以得到系统的平衡方程：

$$P_1(q_{1-2} + q_{1-4}) = P_2 q_{2-1} + P_4 q_{4-1};$$

$$P_2(q_{2-1} + q_{2-3}) = P_1 q_{1-2} + P_3 q_{3-2};$$

$$P_3(q_{3-2} + q_{3-6}) = P_2 q_{2-3} + P_6 q_{6-3};$$

$$P_4(q_{4-1} + q_{4-5}) = P_1 q_{1-4} + P_5 q_{5-4};$$

$$P_5(q_{5-2} + q_{5-4} + q_{5-6}) = P_2 q_{2-5} + P_4 q_{4-5} + P_6 q_{6-5};$$

$$P_6(q_{6-3} + q_{6-5} + q_{6-7}) = P_3 q_{3-6} + P_5 q_{5-6} + P_7 q_{7-6};$$

$$P_7 q_{7-6} = P_6 q_{6-7};$$

且有 $\sum_{i=1}^{7} P_i = 1$，即所有状态集的稳态概率之和等于 1。

由以上的方程组即可求得系统所有的稳态概率 P_i，$i = 1, 2, \cdots, 7$。因为方程组都是线性的，利用 MATLAB 软件进行求解，求解速度也是可以得到保证的。

第三节　服务水平的计算

一般呼叫中心的服务水平定义为：在一定的等待时间内，电话被服务的百分率，记作 P/T，一般遵守 80/20 原则，即在 20 秒的等待时间内，80% 的电话被服务。在求得稳态概率的前提下即可计算电话的服务水平，电话在规定的时间内被服务的概率等于 1 减去在这个时间内电话没有被服务的概率。因此在实际计算中，为了计算的方便，只需计算电话在规定的时间内没有被服务的概率，即可得到服务水平。下文的服务水平即是这样求解得到的。

一、服务水平计算公式的求解

以电话 1 为例，假设电话 1 的服务水平定义为在时间 T_1 内被服务的电话的概率，设为 P_{sl}^1，电话 1 出现排队，可能发生在状态集 S_7 中。由于电话 1 比电话 2 的重要性高，若座席组 2 的座席结束服务，则将立即选择排队队列中的电话 1 接听。在状态集 S_7 中，电话 1 的服务率为 $N_1\mu_1 + N_2\mu_2$，这样就可以得到，在 T_1 时间内，可以接听的电话大约为取不大于 $T_1(N_1\mu_1 + N_2\mu_2)$ 的整数，由以上分析可以得到电话 1 在 T_1 时间内的服务水平为：

$$P_{sl}^1 = 1 - P_7 \times P(n_1 \geqslant N_1 + N_2 + [T_1 \times (N_1\mu_1 + N_2\mu_2)]) \quad (3\text{-}8)$$

式(3-8)中的 $P(n_1 \geqslant N_1 + N_2 + [T_1 \times (N_1\mu_1 + N_2\mu_2)])$ 表示电话 1 的数量大于等于 $N_1 + N_2 + [T_1 \times (N_1\mu_1 + N_2\mu_2)]$ 的概率，且

$$P(n_1 \geqslant N_1 + N_2 + [T_1 \times (N_1\mu_1 + N_2\mu_2)])$$

$$= \sum_{i=N_1+N_2+[T_1\times(N_1\mu_1+N_2\mu_2)]}^{\infty} P(n_1 = i) \quad (3\text{-}9)$$

$$P(n_1 = i) = \frac{1}{N_1^{\,i-N_1} N_1!} \left(\frac{\lambda_1}{\mu_1}\right)^i P_0 \quad (3\text{-}10)$$

$$P_0 = \left[\sum_{j=0}^{N_1-1} \frac{\left(\frac{\lambda_1}{\mu_1}\right)^j}{j!} + \frac{N_1 \left(\frac{\lambda_1}{\mu_1}\right)^{N_1}}{N_1! \left(N_1 - \frac{\lambda_1}{\mu_1}\right)} \right]^{-1} \quad (3\text{-}11)$$

假设电话 2 的服务水平定义为在时间 T_2 内被服务的电话的概率，设为 P_{sl}^2。电话 2 的情况比电话 1 复杂，但其分析思路是一致的，电话 2 有排队的情况发生在状态集 S_3、S_6 和 S_7 中，系统对电话 2 的服务率是 $N_2\mu_2$，这样就可以得到在 T_2 时间内，座席组能接听的电话大约为取不大于 $T_1 \times$

$N_2 \mu_2$ 的整数。因此电话 2 在 T_2 时间内的服务水平为：

$$P_{sl}^2 = 1 - P_3 \times P(n_2 \geqslant N_2 + [T_2 \times N_2 \mu_2])$$
$$- P_6 \times P(n_2 \geqslant N_2 + [T_2 \times N_2 \mu_2]) - P_7 \qquad (3\text{-}12)$$

式中 $P(n_2 \geqslant N_2 + [T_2 \times N_2 \mu_2])$ 表示电话 2 的数量大于等于 $N_2 + [T_2 \times N_2 \mu_2]$ 的概率，且

$$P(n_2 \geqslant N_2 + [T_2 \times N_2 \mu_2]) = \sum_{i=N_2+[T_2 \times N_2 \mu_2]}^{\infty} P(n_2 = i) \qquad (3\text{-}13)$$

$$P(n_2 = i) = \frac{1}{N_2^{i-N_2} N_2!} \left(\frac{\lambda_2}{\mu_2}\right)^i P_0 \qquad (3\text{-}14)$$

$$P_0 = \left[\sum_{j=0}^{N_2-1} \frac{\left(\frac{\lambda_2}{\mu_2}\right)^j}{j!} + \frac{N_2 \left(\frac{\lambda_2}{\mu_2}\right)^{N_2}}{N_2! \left(N_2 - \frac{\lambda_2}{\mu_2}\right)} \right]^{-1} \qquad (3\text{-}15)$$

这样就得到了电话 1 和电话 2 服务水平的计算公式。

二、数值算例

利用 MATLAB 软件（R2013a 版）编程，由上文求出的服务水平的计算公式(3-8)和公式(3-12)来计算在不同的到达率和服务率，以及不同的座席组人数下，电话 1 和电话 2 的服务水平。由上文可知电话 1 的服务水平为 P_{sl}^1，到达率为 λ_1（个/分钟），服务率为 μ_1（个/分钟·人）。电话 2 的服务水平为 P_{sl}^2，到达率为 λ_2（个/分钟），服务率为 μ_2（个/分钟·人）。座席组 1 的人数为 N_1（人），座席组 2 的人数为 N_2（人），则系统总的服务员数为 $N = N_1 + N_2$（人）。电话 1 服务水平限定时间为 T_1（秒），电话 2 服务水平限定时间为 T_2（秒），则通过数值计算，可以得到一些具体结果。

表 3-1 给出了当参数 $\lambda_1 = 5$、$\mu_1 = 0.5$、$\lambda_2 = 4$、$\mu_2 = 0.3$、$T_1 = 20$、$T_2 = 30$ 时的数值结果，此时系统中电话的到达率都不高，系统所需的座席数量较少，属于小型呼叫中心。电话 1 的到达率比电话 2 的到达率大，电话 1 服务水平限定时间为 20 秒内接通，电话 2 服务水平限定时间为 30 秒内

接通。在计算过程中,将服务水平限定时间统一换算成分钟为单位来计算。在本章中,由于电话 1 的重要性比电话 2 要高,因此数值算例中假设电话 1 在 20 秒内必须接通,而电话 2 可以在 30 秒内接通,不同的实际背景下,T_1 和 T_2 可以取不同的值。从表 3-1 可以看出,当每个技能组的人数不同时,电话 1 和电话 2 的服务水平也是明显不同的,而且从上表所列结果可以发现,座席组 1 只需要较少的人就可以达到很高的服务水平,而座席组 2 要达到 80% 的服务水平,则需要比座席组 1 多得多的人。

表 3-1　第 I 类小型呼叫中心服务水平 P_{sl}^1 和 P_{sl}^2 的数值结果

N	N_1	N_2	P_{sl}^1	P_{sl}^2
40	20	20	1.0000	0.7501
30	15	15	1.0000	0.4896
35	15	20	1.0000	0.7571
40	15	25	1.0000	0.7862
55	15	40	1.0000	0.8266
37	12	25	0.9994	0.7348
36	11	25	0.9830	0.6402
41	11	30	0.9910	0.6643
46	11	35	0.9972	0.7032

表 3-2 给出了当参数 $\lambda_1 = 4$、$\mu_1 = 0.3$、$\lambda_2 = 5$、$\mu_2 = 0.5$、$T_1 = 20$、$T_2 = 30$ 时的数值结果。同样是小型呼叫中心,但此时系统中电话 1 的到达率较低,电话 2 的到达率较高。同样也可以发现,座席组 1 和座席组 2 的人数不同时,服务率也会发生变化。即使是总人数一样,座席组 1 和座席组 2 的人数不同,电话 1 和电话 2 的服务水平也是不一样的。同时由于电话 1 的到达率较低,座席组 1 和座席组 2 的人数相差不多就可以达到要求的服务水平。

表 3-2　第 Ⅱ 类小型呼叫中心服务水平 P_{sl}^1 和 P_{sl}^2 的数值结果

N	N_1	N_2	P_{sl}^1	P_{sl}^2
30	15	15	0.9814	0.7134
35	15	20	0.9922	0.7672
40	15	25	0.9966	0.7942
43	15	28	0.9978	0.8075
45	15	30	0.9983	0.8154
45	20	25	1.0000	0.8555
50	15	35	0.9992	0.8326
50	25	25	1.0000	0.8419
50	20	30	1.0000	0.8704

表 3-3 给出了当参数 $\lambda_1 = 90$、$\mu_1 = 1.5$、$\lambda_2 = 100$、$\mu_2 = 1.8$、$T_1 = 20$、$T_2 = 30$ 时的数值结果。系统的到达率都很高,所需的服务员数也很多,属于中大型呼叫中心,电话 1 的到达率小于电话 2 的到达率。从表中的数值结果可以发现,呼叫中心要达到 80% 以上的服务水平,所需要的服务员数要达到 100 个以上。

表 3-3　中大型呼叫中心服务水平 P_{sl}^1 和 P_{sl}^2 的一些数值结果

N	N_1	N_2	P_{sl}^1	P_{sl}^2
121	61	60	0.9230	0.3635
141	61	80	0.9424	0.4572
161	61	100	0.9461	0.4922
125	65	60	1.0000	0.6717
135	65	70	1.0000	0.7352
140	70	70	1.0000	0.7911
145	75	70	1.0000	0.8011
155	75	80	1.0000	0.8152
165	80	85	1.0000	0.8188
170	80	90	1.0000	0.8236

表 3-1 和表 3-2 算例中的到达率较小,因此呼叫中心所需要的总的座席人数基本在 50 人以下,属于小规模的呼叫中心。而表 3-3 中,到达率变大,呼叫中心所需要的总的座席人数也增加了,基本在 100 人以上,属于中大规模的呼叫中心,利用公式都计算出了相应的服务水平。

综上可见,本书的排队模型推导出来的服务水平计算公式适用于各种不同规模的呼叫中心系统。与仿真方法相比,本书的模型可以更快速地计算出系统的服务水平,从而进一步求出系统的人力需求。同时还可以发现,每个座席组的人数不同时,系统电话 1 和电话 2 的服务水平也是明显不同的,因此有必要求出最优的服务员数目,使系统既可以达到要求的服务水平,又可以雇用最少的服务员,使人力成本最低。

第四节 N 型呼叫中心人力需求的计算

一、人力需求模型的求解

人力需求模型是一个非线性整数规划问题。模型中的目标函数是多变量的线性函数,有 2 个需要确定的变量 N_1 和 N_2,约束条件是呼入的电话要满足一定的服务水平,其中服务水平的计算公式见式(3-8)和式(3-12)。从服务水平的计算公式可见,约束条件是高度非线性的。对于本书的非线性整数规划问题,由于实际的座席人数都有一定的范围,呼叫中心并不可能有无数个话务员,所以 N_1 和 N_2 都有一定的数值范围。且本模型的座席组只有 2 个,因此可以通过搜索算法,利用 MATLAB 软件编程,找出满足服务水平的最优服务员数目。

根据模型的实际特点,这里采用搜索算法中的隐枚举法。隐枚举法是 Balas[118] 在 1965 年提出的,是组合最优化中一大类方法的总称。它是相对于穷举法(完全枚举法)而言的,其基本特征是只需要考察问题中自变量的一部分组合,在这过程中根据已有信息将许多不可能成为最优解的组合自动舍弃得到最优解,可以大大减少计算量,因而这种方法又称为部分枚举法。隐枚举法只需要比较目标函数在一小部分组合点上的取值大小,就能取得最优解和最优值。

应用隐枚举法求解人力需求计算问题的关键是减少枚举次数。根据本书的模型特点,目标函数为线性函数,而约束条件为高度非线性的,为了减少枚举次数,首先列出 N_1 和 N_2 的所有可能组合;其次求出这些组合的目标函数值 Z,将 Z 值按照从小到大排序;最后利用约束条件电话 1 和电话 2 的服务水平要大于一定的值,按照 Z 值排列顺序对应的变量组合顺序,逐一检验变量组合。若约束条件未通过,则去掉这组变量组合,直到遇到第一个满足约束条件的解为止,这个解即为要求解的最优座席数目。

具体算法步骤如下:

(1)初始化参数设置。根据本模型求解呼叫中心每个座席组最优的服务员数目,首先要对系统的参数进行设置。在计算中需要确定电话 1 和电话 2 的到达率 λ_1 和 λ_2,座席组 1 和座席组 2 服务员的服务率 μ_1 和 μ_2,电话 1 和电话 2 服务水平限定时间 T_1 和 T_2,每类电话的接通概率参数 α_1 和 α_2,以及每个座席的费用 C_1 和 C_2。

(2)给出 N_1 和 N_2 的所有可行解的组合。座席组 1 和座席组 2 的服务员数目对于实际呼叫中心来说都有一定的范围。假设 N_1 有 a 个可选值,N_2 有 b 个可选值,则变量组合共有 $C_a^1 C_b^1 = ab$ 个。例如,N_1 的可选值为 4、5、6(人),N_2 的可选值为 8、9(人),则组合为(4,8)、(4,9)、(5,8)、(5,9)、(6,8)、(6,9)共 6 组可行解。

(3)求出所有可行解的目标函数值 Z 并排序。将上一步得到的所有可行解带入到目标函数中求出 Z 值,并将这些解按照 Z 值从小到大进行排列,从而得到一个对可行解进行检验的顺序。

(4)利用约束条件将所有可行解中不满足条件的筛除,从而得到最优解。将排列好的解，依次通过约束条件进行检验，如果不能满足约束条件，则将其删除，直到遇到第一个满足约束条件的解，即为最优解。其余的解不必再进行检验，即便也满足约束条件，其函数值 Z 也都比第一个大，所以最优解为第一个满足约束条件的解。

二、数值分析

为验证上述算法求解人力需求问题的有效性，下面给出相关数值结果。

表 3-4 给出了本章第三节服务水平计算的数值算例中，不同的参数下求得的最优服务员数目和总费用。这里假设费用参数 $C_1=3$（千元），$C_2=4$（千元），时间为 $T_1=20$（秒），$T_2=30$（秒）。一般呼叫中心座席人员的月工资水平平均在 $3000\sim4000$ 元/月，少的有 2000 元/月，多的有 6000元/月。这里取平均值，假设座席组 1 的座席费用为 3000 元/月，座席组 2的座席费用为 4000 元/月，因为座席组 2 的座席拥有两种技能，可以为两类顾客服务，所以费用要高一些。从上一节服务水平的算例中可以发现，每个座席组的服务员数目不同，则系统的服务水平也明显不同，通过隐枚举法找出了每个座席组最优的座席数目。

表 3-4　最优的座席数目 N_1 和 N_2

λ_1	μ_1	λ_2	μ_2	N_1	N_2	费用/千元
5	0.5	4	0.3	15	30	165
4	0.3	5	0.5	16	20	128
90	1.5	100	1.8	74	70	502

表 3-5 给出了在不同的费用情况下最优的服务员数目，此处的参数假设为 $\lambda_1=5$、$\mu_1=0.5$、$\lambda_2=4$、$\mu_2=0.3$、$T_1=20$、$T_2=30$。从表 3-5 中的结果可以发现，座席组的费用不同时，达到系统所要求的服务水平所需的每个座席组的人数也是不尽相同的。当座席组 1 的费用高于座席组 2 的

费用时,要达到系统要求的服务水平,则座席组 2 的人数明显增加;而当座席组 2 的费用高于座席组 1 的费用时,则座席组 1 的人数有所增加,但是增加的幅度并不明显。对于实际生活中的呼叫中心来说,座席组 2 拥有两种技能,费用一般会比座席组 1 的费用高,由本书的结果可见,在座席组 2 的费用较高的情况下,具体高多少对系统总人数的影响并不大。

表 3-5　座席组费用不同时最优的座席数目 N_1 和 N_2

C_1	C_2	N_1	N_2	总人数	费用/千元
2	2	14	31	45	90
5	1	13	36	49	101
5	2	14	31	45	132
10	1	12	46	58	166
10	2	13	36	49	202
10	3	14	31	45	233
2	5	15	30	45	180
2	6	15	30	45	210
2	10	15	30	45	330

第五节　应用举例

随着经济和网络技术的快速发展,现代物流业进入了快速增长期。物流产业是集服务与设备生产于一体的综合性产业。许多研究表明,发展现代物流产业,对其他产业和国民经济的发展具有明显的带动作用。物流业作为伴随商业快速发展而必然同时高速发展的产业,根据不同的实际情况,将运输、装卸、储存、搬运、包装、配送、流通加工、信息处理等过程合理地结合,将物品用最短的时间运向目的地。这不仅仅是将物品从供应地向接收地实体流动的过程,同时也是资金流和信息流的整合过程[125]。

物流产业需要在整个的物流过程中，将涉及的各个环节、分散的不同区域，都用一个信息平台连接起来，即通过提高信息的流转效率，推动物资的流动，从总体上降低物流运作的成本。呼叫中心能够有效地帮助物流企业解决各个环节、各个区域信息孤立不畅通的问题，对整个供应链的信息进行集中管理、合理分配，可以实现公司各地区业务、仓库、物流中心、销售、售后等部门有机的结合；不仅可以为本地区提供服务，而且还可以提供长距离的跨区域服务，能够及时倾听客户的需求，有效地帮助物流企业解决客户信息的采集和传输，从而可以实现在满足客户需求的前提下，进行合理的库存、运输和配送，给企业带来更高的经济效益。总之，呼叫中心作为与行业发展保持同步的桥梁，不仅能为物流产业整合信息，还能帮助物流产业整合客户资源，实现一对一的服务，呼叫中心和物流业的其他信息系统做到了无缝融合，大大提升了物流业的竞争力。

作为物流产业的重要组成部分，呼叫中心将电话、短信、传真、E-mail及传统的邮包等整合成面对客户的统一的服务窗口，既可以利用计算机自动语音应答设备进行自助下单、自助查单，还可以通过人工座席受理业务及派发工单配送，与调度监控系统等联合起来，随时为客户提供咨询、查询服务；并能通过外呼服务进行客户回访和满意度调查等，进行经常性的客户关怀。

下面对某物流公司的呼叫中心进行人力需求计算分析。该呼叫中心呼入的电话主要有两种类型，一类是老客户发件需求与查询，另一类是新客户发件需求与查询，另外还有客户催派催收。苏强等对多技能呼叫中心排班算法的论文中对呼叫中心的排班问题进行了研究[100]，其中人力需求的计算利用了单技能呼叫中心的 Erlang-A 模型求解，人工座席分成了三个技能组，分别为这三类顾客服务，虽然有不同的技能组，但计算人力需求本质上还是按照单技能呼叫中心的方法。在这里，考虑主要的两种电话类型，如果技能组 1 为新客户服务，座席组 2 为老客户服务同时也能为新客户服务,且新客户优先,即为本章研究的 N 型多技能呼叫中心。利用前面几节排队模型求得的公式,来研究分析这种情况下呼叫中心每个时段的人力需求。

表 3-6 是对该物流公司呼叫中心的数据进行计算分析,数据来源于苏强等[100]的文献,选取了部分数据进行研究。座席组 1 为新客户服务,λ_1 和 μ_1 表示新客户发件需求的到达率和服务率;座席组 2 为老客户服务,λ_2 和 μ_2 表示老客户发件需求与查询的到达率和服务率。同时座席组 2 也可以为新客户服务并且优先为新客户服务。此处选取了 12 个时段的数据进行人力需求计算。其中费用参数 $C_1=3$(千元),$C_2=4$(千元),时间为 $T_1=20$(秒),$T_2=30$(秒)。

表 3-6　物流公司呼叫中心每个时段最优的座席数目 N_1 和 N_2

时间段	λ_1	μ_1	λ_2	μ_2	N_1	N_2	总人数	费用/千元
07:00—07:30	26	0.8	48	2.5	39	23	62	209
07:30—08:00	22	0.7	67	2.2	35	34	69	241
08:00—08:30	41	0.8	87	2.8	58	35	93	314
08:30—09:00	58	0.6	83	2.3	108	44	152	500
09:00—09:30	38	0.5	75	2.3	85	37	122	403
09:30—10:00	45	0.5	85	2.6	99	38	137	449
10:00—10:30	39	0.6	76	2.4	72	37	109	364
10:30—11:00	44	0.7	64	1.6	74	47	121	410
11:00—11:30	24	0.5	52	2.5	55	24	79	261
11:30—12:00	23	0.5	52	2.2	52	27	79	264
12:00—12:30	28	0.5	41	2.4	63	23	86	281
12:30—13:00	20	0.7	84	1.2	32	74	106	392

表 3-6 中的数值结果表明,本书的方法可以求出每个座席组最优的服务员数,使人力成本的费用最小。由以上结果可以发现,物流公司的呼

叫中心在不同的时段,新客户和老客户的到达率是不同的,且新客户的服务率较低,老客户的服务率较高。物流公司应适时调整每个座席组座席的数目,特别是顾客到达率突增或突减时,更应该及时调整座席数目,以便在达到要求的服务水平的情况下使人力成本费用最小。

为了进行对比分析,本书利用目前多技能呼叫中心广泛使用的 Erlang-C 近似公式,即平方根人力保障法则经验公式:$N=\rho+\beta\sqrt{\rho}$,来计算这个物流公司呼叫中心的人力需求,并与上文计算出来的结果对比分析。其中 $\rho=\lambda/\mu$,参数 β 称为服务等级参数,该值越大,表示呼叫中心越倾向于服务质量优先,可以提高服务水平,同时运营成本也会上升。在这里,参数 β 取 0.8,可以得到近似的人力需求值。结果如图 3-7 所示。

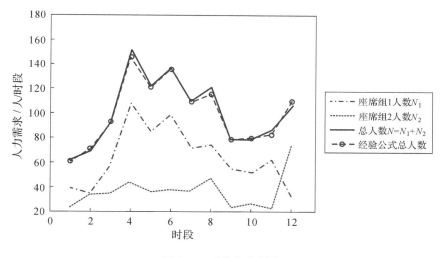

图 3-7　时段人力需求

由图 3-7 可见,本书的结果和目前广泛使用的经验公式计算结果比较一致,可见本书的计算方法可以准确地计算出各时段的人力需求,并且能够计算出每个技能组所需的人数,这是经验公式无法做到的。经验公式只能给出一个大致的总体人数需求,却不能得到各个技能组具体的人数,并且经验公式中 β 的不同取值也会对结果产生不同的影响,因此并不能保证所求得的座席人数就能够刚好满足服务水平,而本章的方法所得到的座席人数是在满足服务水平条件下的最少人数,是最优的结果。

第六节　本章小结

本章研究了一个 N 型多技能呼叫中心排队模型,系统有两种不同类型的电话,并且有两类座席组:一类只拥有一种技能、能为一种类型的电话服务;另一类拥有两种技能、可以服务所有的电话。首先,分析了系统的状态空间,并利用每类座席组前面的顾客数目和座席组的人数对系统进行了状态集的划分,将无穷多个小状态划分成了 7 个状态集合,并给出了系统的状态转移图,求出了系统的平衡方程和稳态概率。其次,给出了系统服务水平的计算公式和数值算例。通过数值算例,可以发现本章给出的服务水平的计算公式适用于各种规模的呼叫中心。最后,给出了人力需求的计算模型,并通过隐枚举法进行了求解。数值结果给出了不同情况下的最优服务员数目,并且给出了数值实例计算人力需求。结果表明,本章的计算方法可以很好地求解呼叫中心时段人力需求问题。

第四章　M 型多技能呼叫中心的
排队模型解析和人力需求计算

M型多技能呼叫中心，即系统中有两种顾客类型，同时有三个技能组，其中一个技能组的服务员拥有两种技能，可以为所有顾客服务；另外两个技能组分别拥有一种不同的技能，只能为一类顾客服务。在实际的呼叫中心系统中，很多是具有两种类型的顾客的，比如双语呼叫中心，有中文呼入和外文呼入两种类型的呼入电话。这就要求座席代表同时掌握中英文两种语言，但这样的座席代表成本相对较高，因此呼叫中心只有部分座席代表是掌握两种语言的，其他人一部分是只会中文的，另一部分是只会英文的。这样座席代表就分成了三组，一组拥有两种技能，另两组则只分别拥有一种技能。

与上一章N型呼叫中心模型相比较，可以发现，同样还是系统中只有两种类型的电话，但M型呼叫中心模型在技能组的分类上出现了不同。M型模型有三个技能组，每种电话类型都有对应的技能组为其服务，同时还有一个多技能组可以同时为两种类型的电话服务；而N型呼叫中心模型只有两个技能组。技能组的不同设置，对呼叫中心会产生不同的影响，本章即来分析这种情况下的呼叫中心人力需求问题。

本章首先建立起M型多技能呼叫中心的排队模型和人力需求计算模型，然后对模型进行求解，依次给出系统稳态概率的计算和服务水平的计算，最后对人力需求模型进行求解，并给出数值实验结果与分析。

第一节　模型的建立

一、问题的描述

本章研究了一个M型多技能呼叫中心排队模型，模型中有两种类型的顾客和三类座席组，如图4-1所示。

（1）电话到达过程。系统有两种类型的电话到达，分别为电话1和电

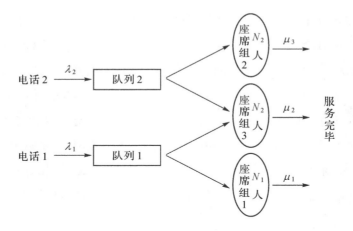

图 4-1　M 型多技能呼叫中心排队模型

话 2。这两种电话的到达是互相独立的,且分别服从到达率为 λ_1 和 λ_2 的泊松过程。同时假设打入呼叫中心的电话,通过呼叫中心前端的自助选择等系统能够准确地归类。

(2)服务时间过程。有三类座席组,分别拥有不同的技能,其中座席组 1 是单技能的,拥有技能 1,他们只能为电话 1 服务,服务时间服从指数分布,服务率为 μ_1,拥有座席人数 N_1。座席组 2 也是单技能的,拥有技能 2,他们只能为电话 2 服务,服务时间服从指数分布,服务率为 μ_2,拥有座席人数 N_2。座席组 3 拥有技能 1 和技能 2,可以为电话 1 服务,也可以为电话 2 提供服务,服务时间也服从指数分布,服务率为 μ_3,座席人数为 N_3。假设同一座席组对不同电话类型的服务率是相同的,同时假设被接到座席的电话都能够一次性得到满意的服务,即不会出现电话在不同的座席之间转接的情况。

(3)路由策略。本模型的路由政策是基于技能的路由。当呼叫到达时,电话 1 首先被分配给座席组 1 服务;当座席组 1 全部忙碌时则选择座席组 3 为其服务;若座席组 3 也忙碌,则进入队列 1 排队等待服务。电话 2 则首先被分配给座席组 2 服务,当座席组 2 全部忙碌时则选择座席组 3 为其服务,若座席组 3 也全部忙碌,则进入队列 2 排队等待。当座席结束服务时，座席组 1 选择电话 1 进行服务，座席组 2 选择电话 2 进行服务。座席组 3 既可以为电话 1 服务，也可以为电话 2 服务，当电话 1 和电话 2 都排队时，按照 1/2 的概率随机选择电话 1 或者电话 2 进行服务，按照先到先服务的原则选择电话。

（4）排队规则。两种类型电话的队列是相互独立的。假设排队空间无限，即电话不会因为排队空间不够而被系统放弃，而对于同一类型的电话都是先到先服务。

二、人力需求模型的建立

本章的目的是求解 M 型多技能呼叫中心系统的时段人力需求计算问题，在这里也是主要分析人力成本。通常呼叫中心的人力成本包括座席人员的人力资源费用和管理的人力资源费用，这里只考虑呼叫中心花费在每个座席人员身上的费用，即每个座席人员每个月的工资费用。假设座席组 1 中每个服务员的人力成本为 C_1（千元），座席组 2 每个服务员的人力成本为 C_2（千元），座席组 3 每个服务员的人力成本为 C_3（千元），设目标函数为求得最优的座席人数 N_1、N_2 和 N_3，使人力成本最小，则可得到人力需求计算的模型为：

$$\min Z = C_1 N_1 + C_2 N_2 + C_3 N_3$$

$$\text{s. t.} \quad P_{sl}^1 \geqslant \alpha_1$$

$$P_{sl}^2 \geqslant \alpha_2$$

$$1 \leqslant N_1 \leqslant b_1$$

$$1 \leqslant N_2 \leqslant b_2 \tag{4-1}$$

$$1 \leqslant N_3 \leqslant b_3$$

$$N_i, b_i \in Z^+, i = 1, 2, 3$$

式中约束条件表示每类电话的服务水平 P_{sl}^1 和 P_{sl}^2 分别大于等于 α_1 和 α_2，其中 P_{sl}^1 和 P_{sl}^2 分别表示电话 1 和电话 2 的服务水平。N_1、N_2 和 N_3 为要求解的未知正整数。b_i 为 N_i 的上界，由于呼叫中心实际资源的限制，座

席人员 N_1、N_2 和 N_3 都有一定的数值范围,寻找最优的座席数 N_1、N_2 和 N_3,使人力成本最小。

由人力需求计算模型可以发现,要求解出最优的座席数目,首先要给出系统服务水平的计算公式,而服务水平的计算则需要系统排队状态的稳态概率值。因此和第三章类似,仍然采用排队模型法来进行服务水平的计算,利用排队模型给出系统的稳态概率。下面的小节中将依次对求解人力需求问题需要的稳态概率和服务水平进行求解,从而最终对人力需求问题进行求解。

第二节　排队模型稳态概率的计算

一、状态空间的划分

下面来分析系统的状态空间。已知座席组 1 的服务员数目为 N_1,座席组 2 的服务员数目为 N_2,座席组 3 的服务员数目为 N_3。假设 $N_1(t)$ 表示时刻 t 系统中座席组 1 前面的顾客数(包括正在被服务的顾客),$N_2(t)$ 表示时刻 t 系统中座席组 2 前面的顾客数(包括正在被服务的顾客),$N_3(t)$ 表示时刻 t 座席组 3 正在服务的顾客数,$t \geqslant 0$,则系统的状态空间为 $E = \{(n_1, n_2, n_3), n_1 \geqslant 0, n_2 \geqslant 0, 0 \leqslant n_3 \leqslant N_3\}$。根据前面路由策略的设置,则系统的所有状态可以按照字典序表示如下:

$(0,0,0)(0,1,0)(0,2,0)\cdots(0,N_2,0)(0,N_2,1)\cdots(0,N_2,N_3)(0,N_2+1,N_3)\cdots$

$(1,0,0)(1,1,0)(1,2,0)\cdots(1,N_2,0)(1,N_2,1)\cdots(1,N_2,N_3)(1,N_2+1,N_3)\cdots$

$(2,0,0)(2,1,0)(2,2,0)\cdots(2,N_2,0)(2,N_2,1)\cdots(2,N_2,N_3)(2,N_2+1,N_3)\cdots$

……

$(N_1,0,0)(N_1,1,0)(N_1,2,0)\cdots(N_1,N_2,0)(N_1,N_2,1)\cdots$

$(N_1,0,1)(N_1,1,1)(N_1,2,1)\cdots(N_1,N_2,1)(N_1,N_2,2)\cdots$

$(N_1,0,2)(N_1,1,2)(N_1,2,2)\cdots(N_1,N_2,2)(N_1,N_2,3)\cdots$

……

$(N_1,0,N_3)(N_1,1,N_3)(N_1,2,N_3)\cdots(N_1,N_2,N_3)(N_1,N_2+1,N_3)\cdots$

$(N_1+1,0,N_3)(N_1+1,1,N_3)(N_1+1,2,N_3)\cdots(N_1+1,N_2,N_3)(N_1+1,N_2+1,N_3)\cdots$

$(N_1+2,0,N_3)(N_1+2,1,N_3)(N_1+2,2,N_3)\cdots(N_1+2,N_2,N_3)(N_1+2,N_2+1,N_3)\cdots$

……

由此可见M型呼叫中心的状态空间非常复杂,有无穷多个状态,由于电话1和电话2的到达率和服务率都不相同,因此转移率也不尽相同。如果要求出每一个状态的稳态概率,计算将非常复杂,因此将这无穷多个小的状态划分成有限的大的状态集合,求出状态集合之间的转移率,并求出每个状态集合的稳态概率,则会大大简化计算量。

M型模型的技能组有3个,每个技能组有3种状态:空闲状态,即系统中的顾客数目少于服务员数目;恰好满(饱和)状态,即系统中的顾客数刚好等于系统中的服务员数目;忙碌(超负荷)状态,即系统中的顾客数目大于系统中的服务员数目,系统出现了排队现象。从理论上讲,整个系统有$3^3=27$种状态,如果用数字1表示空闲,2表示恰好满(饱和),3表示忙碌(超负荷),则可以用三元数组表示三个座席组的状态,如下所示。

(111),(112),(113),(121),(122),(123),(131),(132),(133),

(211),(212),(213),(221),(222),(223),(231),(232),(233),

(311),(312),(313),(321),(322),(323),(331),(332),(333)。

但由于模型本身路由策略的设置,有15个状态是不存在的,比如座席组 3 忙碌而座席组 1 和座席组 2 空闲等,15 个不存在的状态具体为:(112),(113),(123),(131),(133),(213),(223),(231),(233),(311),(313),(321),(323),(331),(333)。因此实际状态集的个数为 12 个,则状态空间为:

$$E=\{(111),(121),(122),(132),(211),(212),(222),(221),(232),$$
$$(312),(322),(332)\}$$

设 $S_i(i=1,2,\cdots,12)$ 表示状态空间 E 中的第 i 个状态集,如状态集 S_1 即为技能组 1 空闲、技能组 2 空闲、技能组 3 也空闲的状态,则状态集的划分和状态转移情况如图 4-2 所示。

二、状态集转移率的求解

通过分析状态转移图可见,状态集之间的转移只发生在状态集的临界状态上,即若再有状态变化,则系统会由当前状态集跳到下一个状态集。对于本书的呼叫中心排队模型来说,引起状态变化的只有两种情况:电话到达和座席组完成服务。下面通过对这两种情况的分析来说明状态转移率的计算。

(一)电话到达引起的状态变化

以状态集 S_1 中座席组 1 的状态为例,其状态转移图如图 4-3 所示。

座席组 1 中顾客数目为 n_1,座席数目为 N_1。由图可知当 $n_1 \leqslant N_1-2$ 时电话到达,系统状态仍停留在状态集 S_1,当 $n_1=N_1-1$ 时电话到达,则系统状态将跳出状态集 S_1,转移到状态集 S_3。状态集 S_1 到状态集 S_3 转移的触发是电话 1 的到达,到达率为 λ_1,因此可以得到状态集 S_1 到状态集 S_3 的转移率 q_{1-3} 为:

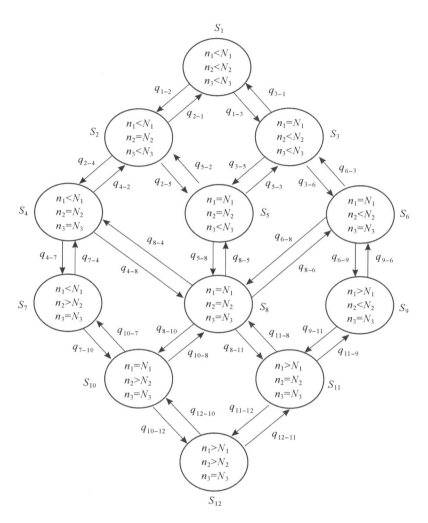

图 4-2　状态集转移情况

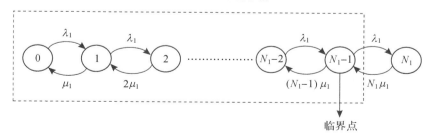

图 4-3　状态集 S_1 中座席 1 的状态转移

$$q_{1-3} = \lim_{\Delta t \to 0} \frac{P_{S_1, S_3}(\Delta t)}{\Delta t}$$

$$= \lim_{\Delta t \to 0} \frac{P(n_1 = N_1 - 1 \cap \Delta t \text{ 时间内第一类顾客到达一个而服务未完成})}{\Delta t}$$

$$= \lim_{\Delta t \to 0} \frac{P(n_1 = N_1 - 1) \cdot P(\Delta t \text{ 时间内第一类顾客到达一个而服务未完成} | n_1 = N_1 - 1)}{\Delta t}$$

$$= \lim_{\Delta t \to 0} \frac{(\lambda_1 \Delta t + o(\Delta t)) \times P(n_1 = N_1 - 1)}{\Delta t}$$

$$= \lambda_1 \times P(n_1 = N_1 - 1) \tag{4-2}$$

式中 $P_{S_1, S_3}(\Delta t)$ 表示 Δt 时间内状态集 S_1 转移到状态集 S_3 的概率，$P(n_1 = N_1 - 1)$ 表示状态集 S_1 下座席组 1 面前排队的第一种类型的电话数 $n_1 = N_1 - 1$ 时的概率。由于在状态集 S_1 下两种类型的电话数目都小于座席组人数，即 $n_1 < N_1, n_2 < N_2$，且两种类型电话的队列是相互独立的，因此可将每个队列看成是简单排队系统。本模型假设电话到达为泊松过程，服务时间服从负指数分布，所以第一类电话的排队过程可用 M/M/c/c 的损失制排队系统来描述（若是非指数模型，则利用简单排队系统的非指数模型结果即可），因此可得：

$$P(n_1 = N_1 - 1) = \frac{\dfrac{1}{(N_1 - 1)!} \left(\dfrac{\lambda_1}{\mu_1}\right)^{N_1 - 1}}{\displaystyle\sum_{j=0}^{N_1} \dfrac{\left(\dfrac{\lambda_1}{\mu_1}\right)^j}{j!}} \tag{4-3}$$

类似分析可以得到如下 17 个由电话到达引起的状态转移率：

$$q_{1-2} = q_{3-5} = q_{6-8} = q_{9-11} = \lambda_2 P(n_2 = N_2 - 1)$$

$$q_{1-3} = q_{2-5} = q_{4-8} = q_{7-10} = \lambda_1 P(n_1 = N_1 - 1)$$

$$q_{2-4} = \lambda_2 P^1(n_3 = N_3 - 1)$$

$$q_{3-6} = \lambda_1 P^2(n_3 = N_3 - 1)$$

$$q_{5-8} = (\lambda_1 + \lambda_2) P^3(n_3 = N_3 - 1)$$

$$q_{4-7} = q_{8-10} = q_{11-12} = \lambda_2$$

$$q_{6-9} = q_{8-11} = q_{10-12} = \lambda_1$$

式中

$$P(n_2 = N_2 - 1) = \frac{\dfrac{1}{(N_2-1)!}\left(\dfrac{\lambda_2}{\mu_2}\right)^{N_2-1}}{\displaystyle\sum_{j=0}^{N_2}\dfrac{\left(\dfrac{\lambda_2}{\mu_2}\right)^j}{j!}} \qquad (4\text{-}4)$$

$$P^1(n_3 = N_3 - 1) = \frac{\dfrac{1}{(N_3-1)!}\left(\dfrac{\lambda_2}{\mu_3}\right)^{N_3-1}}{\displaystyle\sum_{j=0}^{N_3}\dfrac{\left(\dfrac{\lambda_2}{\mu_3}\right)^j}{j!}} \qquad (4\text{-}5)$$

$$P^2(n_3 = N_3 - 1) = \frac{\dfrac{1}{(N_3-1)!}\left(\dfrac{\lambda_1}{\mu_3}\right)^{N_3-1}}{\displaystyle\sum_{j=0}^{N_3}\dfrac{\left(\dfrac{\lambda_1}{\mu_3}\right)^j}{j!}} \qquad (4\text{-}6)$$

$$P^3(n_3 = N_3 - 1) = \frac{\dfrac{1}{(N_3-1)!}\left(\dfrac{\lambda_1+\lambda_2}{\mu_3}\right)^{N_3-1}}{\displaystyle\sum_{j=0}^{N_3}\dfrac{\left(\dfrac{\lambda_1+\lambda_2}{\mu_3}\right)^j}{j!}} \qquad (4\text{-}7)$$

（二）座席服务结束引起的状态变化

当座席结束服务后会自动寻找系统内是否有排队等待的电话可以由自己来服务，这也会导致系统状态的变化。一种座席结束服务导致的状态变化是座席组从恰好没有排队的状态变成有座席空闲的状态，比如状态集 S_2 会因为座席组 2 完成服务而回到状态集 S_1，如图 4-4 所示。

因为座席组 2 的服务员数是 N_2，服务率为 μ_2，则可以得到状态集 S_2 到状态集 S_1 的转移率为：

$$q_{2-1} = N_2\mu_2 \qquad (4\text{-}8)$$

类似分析可以得到如下 11 个转移率：

$$q_{2-1} = q_{5-3} = q_{8-6} = q_{11-9} = N_2\mu_2$$

$$q_{3-1} = q_{5-2} = q_{8-4} = q_{10-7} = N_1\mu_1$$

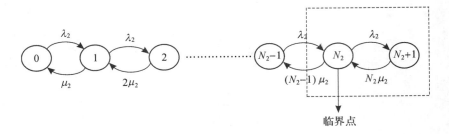

图 4-4　状态集 S_2 中座席 2 的状态转移

$$q_{4-2} = q_{6-3} = q_{8-5} = N_3 \mu_3$$

还有一种座席完成服务导致的状态变化是从座席组有排队到座席组恰好没有排队的状态。例如状态集 S_7 中的座席组 2，随着座席组 2 完成服务，可能出现由状态集 S_7 到状态集 S_4 的转移，转移图如图 4-5 所示。

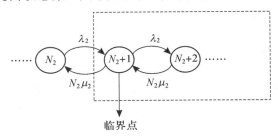

图 4-5　状态集 S_7 中座席 2 的状态转移

类似于电话到达时转移率的求法，可以得到如下转移率为：

$$q_{7-4} = \lim_{\Delta t \to 0} \frac{P_{S_7, S_4}(\Delta t)}{\Delta t}$$

$$= \lim_{\Delta t \to 0} \frac{P(n_2 = N_2 + 1 \bigcap \Delta t \text{ 时间内第二类顾客服务完成一个而顾客未到达})}{\Delta t}$$

$$= \lim_{\Delta t \to 0} \frac{P(n_2 = N_2 + 1) \cdot P(\Delta t \text{ 时间内第二类顾客服务完成一个而顾客未到达} | n_2 = N_2 + 1)}{\Delta t}$$

$$= \lim_{\Delta t \to 0} \frac{(N_2 \mu_2 \Delta t + o(\Delta t)) \times P(n_2 = N_2 + 1)}{\Delta t}$$

$$= P(n_2 = N_2 + 1) \times N_2 \mu_2$$

式中 $P_{S_7, S_4}(\Delta t)$ 表示 Δt 时间内状态集 S_7 转移到状态集 S_4 的概率，$P(n_2 =$

N_2+1)表示状态集 S_7 下座席组 2 前第二种类型的电话数 $n_2 = N_2+1$ 时的概率。在排队队列无限长的假设下，可以利用 M/M/c 排队来描述这个过程，因此可以得到：

$$P(n_2 = N_2+1) = \frac{1}{N_2 N_2!}\left(\frac{\lambda_2}{\mu_2}\right)^{N_2+1} P_0{}^2 \tag{4-9}$$

式中

$$P_0{}^2 = \left[\sum_{j=0}^{N_3-1}\frac{\left(\frac{\lambda_2}{\mu_2}\right)^j}{j!} + \frac{N_2\left(\frac{\lambda_2}{\mu_2}\right)^{N_2}}{N_2!\left(N_2-\frac{\lambda_2}{\mu_2}\right)}\right]^{-1} \tag{4-10}$$

同样分析可以得到如下 6 个转移率：

$$q_{7-4} = q_{10-8} = (N_2\mu_2 + N_3\mu_3)P(n_2 = N_2+1)$$

$$q_{9-6} = q_{11-8} = (N_1\mu_1 + N_3\mu_3)P(n_1 = N_1+1)$$

$$q_{12-11} = (N_2\mu_2 + 1/2N_3\mu_3)P(n_2 = N_2+1)$$

$$q_{12-10} = (N_1\mu_1 + 1/2N_3\mu_3)P(n_1 = N_1+1)$$

式中

$$P(n_1 = N_1+1) = \frac{1}{N_1 \cdot N_1!}\left(\frac{\lambda_1}{\mu_1}\right)^{N_1+1} P_0{}^1 \tag{4-11}$$

$$P_0{}^1 = \left[\sum_{j=0}^{N_1-1}\frac{\left(\frac{\lambda_1}{\mu_1}\right)^j}{j!} + \frac{N_1\left(\frac{\lambda_1}{\mu_1}\right)^{N_1}}{N_1!\left(N_1-\frac{\lambda_1}{\mu_1}\right)}\right]^{-1} \tag{4-12}$$

三、稳态概率的计算

由前面对电话到达和座席完成服务两种情况的分析，得到了 34 个状态转移率，设每个状态集的稳态概率为 $P_i(i=1,2,\cdots,12)$，由此可以得到系统的平衡方程：

$$P_1(q_{1-2}+q_{1-3}) = P_2 q_{2-1} + P_3 q_{3-1}$$

$$P_2(q_{2-1}+q_{2-4}+q_{2-5}) = P_1 q_{1-2} + P_4 q_{4-2} + P_5 q_{5-2}$$

$$P_3(q_{3-1}+q_{3-5}+q_{3-6})=P_1q_{1-3}+P_5q_{5-3}+P_6q_{6-3}$$

$$P_4(q_{4-2}+q_{4-7}+q_{4-8})=P_2q_{2-4}+P_7q_{7-4}+P_8q_{8-4}$$

$$P_5(q_{5-2}+q_{5-3}+q_{5-8})=P_2q_{2-5}+P_3q_{3-5}+P_8q_{8-5}$$

$$P_6(q_{6-3}+q_{6-8}+q_{6-9})=P_3q_{3-6}+P_8q_{8-6}+P_9q_{9-6}$$

$$P_7(q_{7-4}+q_{7-10})=P_4q_{4-7}+P_{10}q_{10-7}$$

$$P_8(q_{8-4}+q_{8-5}+q_{8-6}+q_{8-10}+q_{8-11})=P_4q_{4-8}+P_5q_{5-8}+P_6q_{6-8}+$$
$$P_{10}q_{10-8}+P_{11}q_{11-8}$$

$$P_9(q_{9-6}+q_{9-11})=P_6q_{6-9}+P_{11}q_{11-9}$$

$$P_{10}(q_{10-7}+q_{10-8}+q_{10-12})=P_7q_{7-10}+P_8q_{8-10}+P_{12}q_{12-10}$$

$$P_{11}(q_{11-8}+q_{11-9}+q_{11-12})=P_8q_{8-11}+P_9q_{9-11}+P_{12}q_{12-11}$$

$$P_{12}(q_{12-10}+q_{12-11})=P_{10}q_{10-12}+P_{11}q_{11-12}$$

且有 $\sum_{i=1}^{12}P_i=1$，即所有状态集的稳态概率之和等于 1。

由以上的方程组即可求得系统所有的稳态概率 $P_i(i=1,2,\cdots,12)$。因为方程组都是线性的，利用 MATLAB 软件进行求解，求解速度也是可以得到保证的。

第三节 服务水平的计算

一、服务水平计算公式的求解

沿用上一章中呼叫中心的服务水平定义，即在一定的等待时间内电话被服务的百分率，在求得稳态概率的前提下即可计算电话的服务水平，电话服务水平也可以表示为一个电话在规定的时间内没被服务的概率，因此只需计算电话在规定的时间内没有被服务的概率，即可得到服务水平。

假设电话 1 的服务水平定义为在时间 T_1 内被服务的概率,电话 2 的服务水平定义为在时间 T_2 内被服务的概率。设 P_{sl}^1 和 P_{sl}^2 分别表示电话 1 和电话 2 的服务水平,则可以用 C_2 和 C_3 分别表示电话 1 和电话 2 不能被接通的概率。

以电话 1 为例,电话 1 有排队,发生在状态集 N_2、N_3、S_{12} 中,分析可知在状态集 N_2 和 N_3 中,系统对电话 1 的服务率是 $N_1\mu_1 + N_3\mu_3$。在状态集 S_{12} 中,系统对电话 1 的服务率近似是 $\lambda_1 = 80, \lambda_2 = 60, \mu_1 = 1.2, \mu_2 = 1, \mu_3 = 0.8, \alpha_1 = \alpha_2 = 0.8$,这样就可以得到电话 1 在 $T1$ 时间内不能被服务的概率为:

$$P_{ns}^1 = P_9 \sum_{i=k_1}^{\infty} P(n_1 = i) + P_{11} \sum_{i=k_1}^{\infty} P(n_1 = i) + P_{12} \sum_{i=k_2}^{\infty} P(n_1 = i)$$

$$(4\text{-}13)$$

式中 $P(n_1 = i)$ 表示电话 1 的数量等于 i 的概率,且

$$k_1 = N_1 + N_3 + \left[T_1 (N_1\mu_1 + N_3\mu_3) \right] \tag{4-14}$$

$$k_2 = N_1 + 1/2N_3 + \left[T_1 (N_1\mu_1 + 1/2N_3\mu_3) \right] \tag{4-15}$$

$$P(n_1 = i) = \frac{1}{N_1^{i-N_1} \cdot N_1!} \left(\frac{\lambda_1}{\mu_1} \right)^i P_0^1 \tag{4-16}$$

电话 2 的情况和电话 1 一样,分析思路一致,因此可以得到:

$$P_{ns}^2 = P_7 \sum_{i=k_3}^{\infty} P(n_2 = i) + P_{10} \sum_{i=k_3}^{\infty} P(n_2 = i) + P_{12} \sum_{i=k_4}^{\infty} P(n_2 = i)$$

$$(4\text{-}17)$$

式中 $P(n_2 = i)$ 表示电话 2 的数量等于 i 的概率,且

$$k_3 = N_2 + N_3 + \left[T_2 (N_2\mu_2 + N_3\mu_3) \right] \tag{4-18}$$

$$k_4 = N_2 + 1/2N_3 + \left[T_2 (N_2\mu_2 + 1/2N_3\mu_3) \right] \tag{4-19}$$

$$P(n_2 = i) = \frac{1}{N_2^{i-N_2} \cdot N_2!} \left(\frac{\lambda_2}{\mu_2} \right)^i P_0^2 \tag{4-20}$$

这样就得到了电话 1 和电话 2 服务水平的计算公式。

二、数值算例

表 4-1 给出了当参数 $\lambda_1=5$、$\mu_1=0.5$、$\lambda_2=4$、$\mu_2=0.3$、$\mu_3=0.2$、$T_1=20$、$T_2=30$ 时的数值结果。电话 1 服务水平限定时间为 20 秒内接通，电话 2 服务水平限定时间为 30 秒内接通。N_1 表示座席组 1 的服务员数目，N_2 表示座席组 2 的服务员数目，N_3 表示座席组 3 的服务员数目，N 为座席的总数目。

表 4-1 小型呼叫中心服务水平 P_{sl}^1 和 P_{sl}^2 的数值结果

N_1	N_2	N_3	N	P_{sl}^1	P_{sl}^2
20	20	20	60	1.0000	1.0000
20	15	25	60	1.0000	0.9765
15	20	25	60	1.0000	1.0000
15	20	10	45	0.9988	0.9995
15	15	15	45	0.9994	0.9547
20	15	10	45	1.0000	0.8693
15	15	10	40	0.9984	0.9135
11	15	10	36	0.8200	0.8983
11	14	11	36	0.8028	0.6677
11	16	9	36	0.8075	0.9551

从表 4-1 中的数值结果可以发现，当三个座席组的人数 N_1、N_2 和 N_3 取不同的值时，系统的服务水平是明显不同的，即使总的座席人数相同，每个座席组的人数发生变化时，系统的服务水平也会发生相应的变化。且此时系统的座席总人数都在 60 人以下，属于小型呼叫中心，三个座席组的人数相差不多。

表 4-2 给出了当参数 $\lambda_1=90$、$\mu_1=1.5$、$\lambda_2=100$、$\mu_2=1.8$、$\mu_3=1$、$T_1=20$、$T_2=30$ 时的数值结果。由表中的数值发现，系统需要的服务员

数在 100~200 人，同样座席组人数不同时，电话 1 的服务水平 P_{sl}^1 和电话 2 的服务水平 P_{sl}^2 的结果是完全不同的。且很明显的是，第三个座席组的人数要比前两个座席组的人数少得多。

表 4-2 中型呼叫中心服务水平 P_{sl}^1 和 P_{sl}^2 的数值结果

N_1	N_2	N_3	N	P_{sl}^1	P_{sl}^2
90	70	30	190	1.0000	1.0000
80	70	30	180	1.0000	1.0000
70	70	30	170	1.0000	1.0000
65	70	30	165	0.9969	0.9996
65	60	30	155	0.9994	0.9547
65	57	30	152	0.9960	0.9308
65	56	30	151	0.9953	0.5739
65	56	40	161	0.9974	0.6169
65	56	50	171	0.9985	0.6559
65	57	20	142	0.9930	0.9083
64	57	20	141	0.9812	0.9066
62	57	20	139	0.8716	0.9009
62	57	10	129	0.8335	0.8704
61	57	20	138	0.6535	0.8958
61	56	20	137	0.6404	0.5080

表 4-3 给出了当参数 $\lambda_1=90$、$\mu_1=1$、$\lambda_2=80$、$\mu_2=0.8$、$\mu_3=1.2$、$T_1=20$、$T_2=30$ 时的数值结果。此时系统需要的服务员数都在 200 人以上，同样也是人数不同时，电话 1 的服务水平 P_{sl}^1 和电话 2 的服务水平 P_{sl}^2 的结果是明显不同的。第三个座席组的人数明显比其他两个座席组的人少很多。

表 4-3 大型呼叫中心服务水平 P_{sl}^1 和 P_{sl}^2 的数值结果

N_1	N_2	N_3	N	P_{sl}^1	P_{sl}^2
91	101	20	212	0.5286	0.5778
92	101	20	213	0.7731	0.5886
93	101	20	214	0.8868	0.5962
94	101	20	215	0.9422	0.6018
95	101	20	216	0.9715	0.6061
93	102	20	215	0.8926	0.8281
93	103	20	216	0.8965	0.9263
93	103	10	206	0.8570	0.8962
96	103	10	209	0.9769	0.9007
100	103	10	213	0.9979	0.9033
100	104	10	214	0.9979	0.9529
100	103	11	214	0.9979	0.9050
99	103	11	213	0.9967	0.9089

　　由以上的分析可以发现,本章的排队模型推导出来的服务水平计算公式既可以计算服务员数在 100 人以下的小型呼叫中心,也可以计算服务员数在 100～200 人的中型呼叫中心,还可以计算服务员数目在 200 人以上的大型呼叫中心。因此本章的模型适用于各种不同规模的呼叫中心系统,与仿真方法相比,可以快速计算出系统的服务水平。

第四节 M 型呼叫中心人力需求的计算

一、人力需求模型的求解

　　本章的人力需求模型(4-1)与上一节 N 型呼叫中心的模型类似,同样是一个非线性整数规划问题。本模型中的目标函数也是多目标的线性函数，有 3 个需要确定的变量 N_1、N_2 和 N_3，约束条件是呼入的电话要满足一定的服务水平，其中服务水平的计算公式见式（4-13）和（4-17）。从服务水平的计算公式可见，约束条件是高度非线性的。对于本书的非线性整数规划问题，由于实际的座席人数都有一定的范围，呼叫中心不可能有无数个服务员，所以 N_1、N_2 和 N_3 都有一定的数值范围，且本模型的座席组只有 3 个，因此，仍然可以通过搜索算法，用 MATLAB 软件编程，找出满足服务水平的最优服务员数。

同样采用搜索算法中的隐枚举法，应用隐枚举法求解人力需求计算问题的关键是减少枚举次数。根据本模型特点，目标函数为线性函数，而约束条件为高度非线性，为了减少枚举次数，首先列出 N_1、N_2 和 N_3 的所有可能组合，其次求出这些组合的目标函数值 Z，将 Z 值按照从小到大排序，最后利用约束条件电话 1 和电话 2 的服务水平要大于一定的值，按照 Z 值排列顺序对应的变量组合顺序，逐一检验变量组合。若约束条件未通过，则去掉这组变量组合，直到遇到的第一个满足约束条件的解，即为要求解的最优座席数目。

具体算法步骤描述如下：

（1）初始化参数设置。根据本模型求解呼叫中心每个座席组最优的服务员数目，首先要对系统的参数进行设置。在计算中需要确定电话 1 和电话 2 的到达率 λ_1 和 λ_2，座席组 1、座席组 2 和座席组 3 服务员的服务率 μ_1、μ_2 和 μ_3，电话 1 和电话 2 服务水平限定时间 T_1 和 T_2，每类电话的接通概率参数 α_1 和 α_2，以及每个座席的费用 C_1、C_2 和 C_3。

（2）给出 N_1、N_2 和 N_3 的所有可行解的组合。座席组 1、座席组 2 和座席组 3 的服务员数目对于实际呼叫中心都有一定的范围，假设 N_1 有 a 个可选值，N_2 有 b 个可选值，N_3 有 c 个可选值，则变量组合共有 $C_a^1 C_b^1 C_c^1 = abc$ 个。例如，N_1 的可选值为 4、5、6（人），N_2 的可选值为 8、9（人），N_3 的可选值为 6、7（人），则组合为（4，8，6）、（4，9，6）、（5，8，6）、（5，9，6）、（6，8，

6)、(6,9,6)、(4,8,7)、(4,9,7)、(5,8,7)、(5,9,7)、(6,8,7)、(6,9,7),共12组可行解。

(3)求出所有可行解的目标函数值 Z,并排序。将上一步得到的所有可行解带入到目标函数中求出 Z 值,并将这些解按照 Z 值从小到大进行排列,从而得到一个对可行解进行检验的顺序。

(4)利用约束条件将所有可行解中不满足条件的解筛除,从而得到最优解。将排列好的解,依次通过约束条件进行检验。如果不能满足约束条件,则将其删除,直到遇到第一个满足约束条件的解,即为最优解。其余的解不必再进行检验,因为即便其余的解也满足约束条件,但是其函数值 Z 都比第一个解大,所以最优的就是第一个满足约束条件的解。

二、数值分析

首先对上一节服务水平的三个数值算例中的最优的服务员数目进行求解。此处假设费用 $C_1 = 2$(千元)、$C_2 = 3$(千元)、$C_3 = 4$(千元),服务水平限定时间为 $T_1 = 20$(秒),$T_2 = 30$(秒)。其他参数的设置详见上文。

由表4-4中的结果可见,本方法可以快速地求解出时段最优的服务员数,且可以发现,由于第三个座席组的费用最高,第三个座席组的人数明显要少于其他两个座席组的人数。

表 4-4　每个座席组最优的座席数目 N_1、N_2 和 N_3

λ_1	μ_1	λ_2	μ_2	μ_3	N_1	N_2	N_3	费用/千元
5	0.5	4	0.3	0.2	11	15	5	87
90	1.5	100	1.8	1.0	62	57	5	315
90	1.0	80	0.8	1.2	92	102	5	510

下面分析一下,三个座席组的费用不同时,对系统最优的服务员数目有何影响。表4-5给出了在不同的费用情况下最优的服务员数,此处的参数假设为 $\lambda_1 = 5$、$\mu_1 = 0.5$、$\lambda_2 = 4$、$\mu_2 = 0.3$、$\mu_3 = 0.2$、$T_1 = 20$、$T_2 = 30$,费

用的单位为千元。

表 4-5　每个座席组的费用不同时最优的座席数目 N_1、N_2 和 N_3

C_1	C_2	C_3	N_1	N_2	N_3	总人数	费用/千元
2	2	2	11	15	5	31	62
2	6	2	11	15	6	32	122
1	10	1	13	14	10	37	163
2	10	1	12	14	12	38	176
6	10	1	11	14	15	40	221
10	10	1	11	14	15	40	265
1	1	6	11	15	6	32	62
1	1	10	11	15	6	32	86

从表 4-5 可以发现,座席组的费用不同时,达到要求的服务水平所需的每个座席组的人数也是不同的。当第三个座席组的费用比其他两个座席组的费用高时,则第三个座席组需要的服务员数最小;当第一或者第二个座席组的费用比第三个座席组的费用高时,则第三个座席组的人数明显增加,可见每个座席组的费用对所需要的人数有很大的影响。

第五节　应用举例

下面继续对 3.5 节中物流呼叫中心的实例进行分析。对于具有两种类型呼入电话的呼叫中心,座席组也可以设置 3 个,即设置为 M 型呼叫中心。为了进行对比分析,与第三章中的模型不同,这里增设了座席组 3,座席组 3 既可以为新客户服务,也可以为老客户服务,服务率为 μ_3。座席组 1 专门为新客户服务,λ_1 和 μ_1 表示新客户发件需求的到达率和服务率;座席组 2 专门为老客户服务,λ_2 和 μ_2 表示老客户发件需求与查询的到达率和服务率。表 4-6 是如果将该物流公司呼叫中心的技能组设置为 M 型所得的计算结果,并有针对性地选取部分数据进行分析。这里选取了 12 个时段的数据进行人力需求计算。三个座席组的费用分别是 $C_1 = 3$(千元)、$C_2 = 3$(千元)和 $C_3 = 4$(千元),表 4-6 中总费用的单位为千元。

由表 4-6 中的数值结果可见,当三个座席组费用相差不多时,对于第三个座席的需求并不是很大,第三个座席组所需要的人数最少,且变化不大。第一和第二个座席组的人数随着到达率和服务率这些参数的变化而发生了明显的变化,由以上数据可以发现,第三个座席组只需安排很少的人即可达到所要求的服务水平。

表 4-6 物流公司每个时段最优的座席数目 N_1、N_2 和 N_3

时间段	λ_1	μ_1	λ_2	μ_2	μ_3	N_1	N_2	N_3	M 型总人数	M 型总费用	N 型总人数
07:00—07:30	26	0.8	48	2.5	1.3	35	20	5	60	185	62
07:30—08:00	22	0.7	67	2.2	1.0	34	32	5	71	218	69
08:00—08:30	41	0.8	87	2.8	1.3	54	32	5	91	278	93
08:30—09:00	58	0.8	83	2.3	1.3	100	37	5	142	431	152
09:00—09:30	38	0.5	75	2.3	1.1	79	34	5	118	359	122
09:30—10:00	45	0.5	85	2.6	1.3	94	34	5	133	404	137
10:00—10:30	39	0.6	76	2.4	1.0	68	33	5	106	323	109
10:30—11:00	44	0.7	64	1.6	1.0	66	41	5	112	341	121
11:00—11:30	24	0.5	52	2.5	0.8	51	22	5	78	239	79
11:30—12:00	23	0.5	52	2.2	1.0	49	25	5	79	242	79
12:00—12:30	28	0.5	41	2.4	0.8	59	18	5	82	251	86
12:30—13:00	20	0.7	84	1.2	0.8	31	72	5	108	329	106

从 M 型模型总人数与 N 型模型总人数的对比结果可以发现,对于这个物流公司的呼叫中心,两种不同技能分类和不同路由策略下的总人数相差不多。整体上看 M 型模型所需总人数更少一些,按照此处的假设,采用 M 型模型所需人力更少。因此对于这个物流公司的呼叫中心,

98

采用 M 型呼叫中心系统,会使人力成本更低,建议采用 M 型呼叫中心系统。但在其他问题中,还需要根据实际情况,综合考虑不同技能组的费用情况,进一步进行分析。

为了进行对比分析,同样利用单技能呼叫中心的 Erlang-C 近似公式,即平方根人力保障法则经验公式:$N = \rho + \beta \sqrt{\rho}$,来估算该物流公司呼叫中心的人力需求,并与计算出来的结果对比分析,此处计算取 $\beta = 0.8$,具体结果如图 4-6 所示。

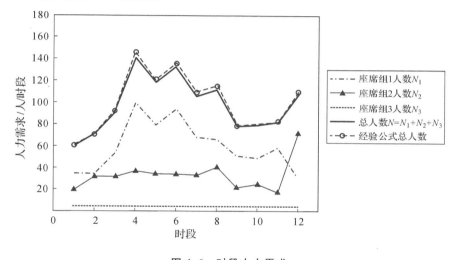

图 4-6 时段人力需求

由图 4-6 可见,这里得到的结果和目前广泛使用的经验公式计算结果比较一致,可见本书的计算方法可以准确地计算出各时段的人力需求,并且能够精确计算出每个技能组所需要的人数,这是经验公式所不能做到的。经验公式只能给出一个大致的总体人数需求,却不能得到各个技能组具体的人数,并且经验公式中 β 的不同取值也会对结果产生不同的影响,因此并不能保证所求得的座席人数就是最优的结果。本章的方法所得到的座席人数是满足服务水平条件下最少的人数,是最优的结果,因此本章的方法所得结果相对于经验公式有一定的改进。

第六节　本章小结

本章研究了一个 M 型多技能呼叫中心系统,系统有两种不同类型的电话,并且有三类座席组,其中两类座席组都只拥有一种技能,只能为一种类型的电话服务;另一类拥有两种技能,可以服务所有的电话。利用排队理论,首先利用座席组的状态对系统进行了状态集的划分,给出了系统的状态转移图,求出了系统的平衡方程和稳态概率。其次给出了系统服务水平的计算公式并给出了数值算例,由数值算例可以发现,本章推出的计算公式适用于任何规模的呼叫中心系统。最后给出了人力需求的计算方法,建立了人力需求模型,并通过隐枚举法进行了求解,通过数值实验和实例分析可见,与仿真方法相比,本方法的求解速度更快,准确性也更高。

第五章　带有不耐烦顾客的多技能

呼叫中心人力需求计算

呼叫中心作为企业与顾客之间沟通的重要方式,当前在很多行业中都得到了广泛的应用。但是呼叫中心系统的运营成本很高,人力成本是其中的主要部分。呼叫中心座席的数量越多,则其服务能力越强,但其人力成本也随之增加。因此很多呼叫中心主要的运营目标就是,在满足一定的服务质量前提下,能够使运营成本最低,也就是希望用最少的座席数达到一定的服务水平。其中电话的接通概率和顾客的平均等待时间是用来评价呼叫中心服务质量的两个重要指标,顾客若没能直接得到服务或其等待时间太长,可能会因为不耐烦而离开,从而导致电话的接通率降低。等待时间长或接通率低都会使顾客的满意度降低,给企业造成一定的影响,如企业效益的降低等。

在排队模型中,具有放弃行为的顾客,即有等待时间限制的顾客也称为不耐烦顾客。将不耐烦顾客的放弃行为考虑到呼叫中心运营管理中是很重要的。首先,若不考虑不耐烦顾客的放弃行为,会使呼叫中心的需求量比实际情况大,容易造成座席的浪费。其次,若不考虑不耐烦顾客的放弃行为,则系统有可能处于不稳定的状态,因此系统的稳态分布也将不存在。再次,顾客的不耐烦是一种实际行为,在实际排队中顾客都会有一定的耐心时限,并且会在等待和离开之间做出抉择,如果等待时间过长的话,顾客会选择离开。最后,因为企业会有一些比较重要的顾客,若考虑顾客的放弃行为,可以使呼叫中心重点对待重要顾客,从而使重要客户的满意度大大提高。

显而易见,考虑了顾客的不耐烦后,模型将会更加贴近实际。因此将顾客的不耐烦行为引入 N 型和 M 型多技能呼叫中心排队模型中,以使模型更加贴近实际生活。

第一节　带有不耐烦顾客的 N 型呼叫
中心服务水平的求解

一、问题描述

　　带有不耐烦顾客的 N 型多技能呼叫中心排队模型,模型中有两种类型的顾客和两类座席组,顾客在排队过程中可能由于不耐烦而离开系统,如图 5-1 所示。

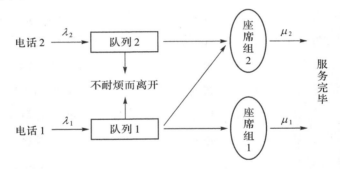

图 5-1　带有不耐烦顾客的 N 型多技能呼叫中心排队模型

　　(1)电话到达过程。有两种类型的电话,这两种电话的到达是互相独立的,且分别服从到达率为 λ_1 和 λ_2 的泊松过程。电话到达后如果需要排队等待,顾客可能会因为不耐烦而离开队列,为了便于计算,假设两类顾客的不耐烦时间都是服从参数为 θ 的负指数分布。同时假设打入呼叫中心的电话,通过呼叫中心前端的自助选择等系统能够准确地归类。

　　(2)服务时间。有两类座席组,分别拥有不同的技能,其中座席组 1 是单技能的,拥有技能 1,他们只能为电话 1 服务,服务时间服从指数分布,服务率为 μ_1,拥有座席人数 N_1。座席组 2 拥有技能 1 和技能 2,可以为电话 1 服务,也可以为电话 2 提供服务,服务时间也服从指数分布,服

务率为 μ_2，座席人数为 N_2。假设同一座席组对不同电话类型的服务率是相同的，同时假设不会出现电话在不同的座席之间转接的情况。

（3）路由策略。本模型的路由政策是基于技能的路由，同时考虑两种不同类型呼叫的重要性，本书假设第1类电话比第2类电话重要。当呼叫到达时，电话2毫无疑问被分配给座席组2服务，而对于电话1，优先分配给座席组1服务，当座席组1的座席全部忙碌时则选择座席组2为其服务，若座席组2的座席也全部忙碌，则进入队列1排队等待。当有座席完成服务时，座席组1的座席只选择电话1进行服务，座席组2的座席优先选择电话1进行服务，当没有排队的电话1时，才选择电话2进行服务。

（4）排队规则。两种类型电话的排队队列是相互独立的。假设系统的排队空间无限，即电话不会因为排队空间不够而被系统放弃。对于同一类型的电话都是先到先服务的。

二、稳态概率的计算

带有不耐烦顾客的 N 型多技能呼叫中心的排队模型与第三章模型相似，类似于第三章的求解方法，首先对系统的状态空间进行划分，建立系统的平衡方程从而计算系统各个状态集的稳态概率。其状态转移见图 5-2。

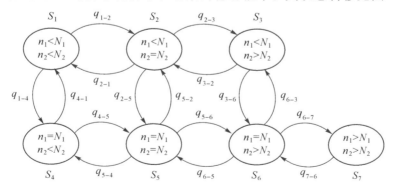

图 5-2　带有不耐烦顾客的 N 型多技能呼叫中心的状态转移

通过分析状态转移图可见,状态集之间的转移只发生在状态集的边界状态上,状态集内的各座席组之间相互独立,状态集之间的转移其实只是某一个座席组的状态发生了变化。对于本书的呼叫中心排队模型来说,引起状态变化的只有两种情况:电话到达和座席组完成服务。其中电话到达过程与第三章一样,但顾客的离开导致座席变化的不只是座席组完成服务,还包括在排队过程中顾客因为不耐烦而离开,这种情况只出现在系统中有排队的情况。因此与第三章类似,首先可以得到电话到达导致的转移率如下:

$$q_{1-2}=P(n_2=N_2-1)\times\lambda_2; \quad q_{1-4}=P(n_1=N_1-1)\times\lambda_1;$$

$$q_{2-3}=\lambda_2; \quad q_{2-5}=P(n_1=N_1-1)\times\lambda_1;$$

$$q_{3-6}=P(n_1=N_1-1)\times\lambda_1; \quad q_{4-5}=P(n_2=N_2-1)\times(\lambda_1+\lambda_2);$$

$$q_{5-6}=\lambda_1+\lambda_2; \quad q_{6-7}=\lambda_1。$$

座席完成服务导致的转移率如下:

$$q_{2-1}=N_2\mu_2; q_{4-1}=N_1\mu_1; q_{5-4}=N_2\mu_2;$$

$$q_{5-2}=N_1\mu_1; q_{6-3}=N_1\mu_1。$$

与第三章不同的是,还有一种座席完成服务导致的状态变化是从座席组有排队到座席组恰好没有排队的状态,例如状态集 S_3 中的座席组 2,随着座席组 2 完成服务或者顾客因为等待时间过长不耐烦而离开队列,可能出现由状态集 S_3 到状态集 S_2 的转移,其状态转移见图 5-3。

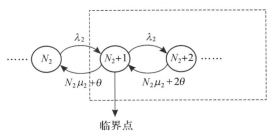

图 5-3 状态集 S_3 中座席 2 的状态转移

类似于电话到达时转移率的求法,可以得到转移率为:

$$q_{3-2} = P(n_2 = N_2 + 1) \times (N_2\mu_2 + \theta) \tag{5-1}$$

在排队队列无限长的假设下,可以利用 M/M/c＋M 排队来描述这个过程,因此可以得到:

$$P(n_2 = N_2 + 1) = \frac{\lambda_2}{(N_2\mu_2 + \theta)N_2!} \left(\frac{\lambda_2}{\mu_2}\right)^{N_2} P_0 \tag{5-2}$$

$$P_0 = \left[\sum_{j=0}^{N_2} \frac{\left(\frac{\lambda_2}{\mu_2}\right)^j}{j!} + \sum_{k=N_2+1}^{\infty} \prod_{j=N_2+1}^{k} \left(\frac{\lambda_2}{N_2\mu_2 + (j-N_2)\theta}\right) \frac{\left(\frac{\lambda_2}{\mu_2}\right)^{N_2}}{N_2!} \right]^{-1} \tag{5-3}$$

同样分析还可以得到两个转移率:

$$q_{6-5} = P(n_2 = N_2 + 1) \times (N_2\mu_2 + \theta);$$

$$q_{7-6} = P(n_1 = N_1 + 1) \times (N_1\mu_1 + N_2\mu_2 + \theta)。$$

式中 $P(n_1 = N_1 + 1)$ 的计算与公式(5-2)、(5-3)类似,将其中的参数 λ_2、μ_2 和 N_2 分别对应换为 λ_1、μ_1 和 N_1 即可。

由前面对电话到达和座席完成服务两种情况的分析得到了 16 个状态转移率,由此可以得到系统的平衡方程:

$$P_1(q_{1-2} + q_{1-4}) = P_2 q_{2-1} + P_4 q_{4-1}$$

$$P_2(q_{2-1} + q_{2-3}) = P_1 q_{1-2} + P_3 q_{3-2}$$

$$P_3(q_{3-2} + q_{3-6}) = P_2 q_{2-3} + P_6 q_{6-3}$$

$$P_4(q_{4-1} + q_{4-5}) = P_1 q_{1-4} + P_5 q_{5-4}$$

$$P_5(q_{5-2} + q_{5-4} + q_{5-6}) = P_2 q_{2-5} + P_4 q_{4-5} + P_6 q_{6-5}$$

$$P_6(q_{6-3} + q_{6-5} + q_{6-7}) = P_3 q_{3-6} + P_5 q_{5-6} + P_7 q_{7-6}$$

$$P_7 q_{7-6} = P_6 q_{6-7}$$

且有 $\sum_{i=1}^{7} P_i = 1$,即所有状态集的稳态概率之和等于 1。

由以上的方程组即可求得系统所有的稳态概率 $P_i(i = 1, 2, \cdots, 7)$。因为方程组都是线性的,可以利用 MATLAB 软件进行求解。

三、服务水平的计算

设 P_{sl}^1 和 P_{sl}^2 分别表示电话 1 和电话 2 在某一固定时间 T_1 和 T_2 内被

服务的概率，即服务水平。以电话 1 为例，电话 1 出现排队，只发生在状态集 S_7 中，因为电话 1 比电话 2 重要，若座席组 2 结束服务，则将立即选择排队队列中的电话 1 为其服务。在状态集 S_7 中，分析电话 1 的服务率为 $N_1\mu_1 + N_2\mu_2$，这样就可以得到在 T_1 时间内，状态集 S_7 中座席组总共可以接听的电话大约为取不大于 $T_1 \times (N_1\mu_1 + N_2\mu_2)$ 的整数个，由以上分析可见在 T_1 时间内电话 1 得到服务的概率为：

$$P_{sl}^1 = 1 - P_7 \times P_{S_7}(n_1 \geqslant N_1 + N_2 + [T_1 \times (N_1\mu_1 + N_2\mu_2)])$$

$$(5\text{-}4)$$

$$P_{S_7}(n_1 \geqslant N_1 + N_2 + [T_1 \times (N_1\mu_1 + N_2\mu)])$$

$$= \sum_{i=N_1+N_2+[T_1 \times (N_1\mu_1+N_2\mu_2)]}^{\infty} P(n_1 = i) \qquad (5\text{-}5)$$

$$P(n_1 = i) = \prod_{j=N_1+1}^{i} \left(\frac{1}{N_1\mu_1 + (j - N_1)\theta} \right) \frac{\lambda_1^{N_1+1}}{\mu_1^{N_1} N_1!} P_0 \qquad (5\text{-}6)$$

$$P_0 = \left[\sum_{j=0}^{N_1} \frac{\left(\frac{\lambda_1}{\mu_1} \right)^j}{j!} + \sum_{k=N_1+1}^{\infty} \prod_{j=N_1+1}^{k} \frac{\lambda_1 \left(\frac{\lambda_1}{\mu_1} \right)^{N_1}}{(N_1\mu_1 + (j - N_1)\theta) N_1!} \right]^{-1}$$

$$(5\text{-}7)$$

电话 2 的情况和电话 1 一样，分析思路一致，电话 2 有排队的情况发生在状态集 S_3、S_6 和 S_7 中，因此电话 2 在 T_2 时间内被服务的概率为：

$$P_{sl}^2 = 1 - \left(P_3 \sum_{i=k_3}^{\infty} P(n_2 = i) + P_3 \sum_{i=N_2+[T_2 N_2\mu_2]}^{\infty} P(n_2 = i) + P_7 \right) \quad (5\text{-}8)$$

这里条件概率的计算和电话 1 情况类似。此处 k_3 表示状态集 S_3 和 S_7 中大约可以接听的电话 2 的个数。

由于公式（5-6）的计算涉及无穷多项求和，非常复杂，Garnett 等[117] 给出了公式（5-6）的一个便于计算的公式：

$$P(n_1 = i) = \begin{cases} \dfrac{P^1(Bl)}{1+[A(x,y)-1]P^1(Bl)} \cdot \dfrac{N_1!}{i!\rho_1^{N_1-i}}, i < N_1 \\[4mm] \dfrac{P^1(Bl)}{1+[A(x,y)-1]P^1(Bl)} \cdot \dfrac{\left(\dfrac{\lambda_1}{\theta}\right)^{i-N_1}}{\displaystyle\prod_{j=0}^{i-N_1}\left(\dfrac{N_1\mu_1}{\theta}+j\right)}, i \geqslant N_1 \end{cases}$$

$$(5\text{-}9)$$

式中 $A(x,y) = \dfrac{ye^{xy}}{(xy)^y} \cdot B(y,xy)$，$B(x,y) = \displaystyle\int_0^y t^{x-1}e^{-t}dt$，$y > 0$，$x = \dfrac{\lambda_1}{N_1\mu_1}$，$y = \dfrac{N_1\mu_1}{\theta}$，$P^1(Bl)$ 为 $M/M/N_1/N_1$ 排队的阻塞概率，即

$$P^1(Bl) = P(\text{系统中顾客数} = N_1) = \frac{\dfrac{\rho_1^{N_1}}{N_1!}}{\displaystyle\sum_{j=0}^{N_1}\dfrac{1}{j!}\rho_1^{j}} \qquad (5\text{-}10)$$

呼叫中心通常按座席数量的规模进行分类，这里推出的服务水平的计算公式适用于各种规模的呼叫中心，由于本书采用了状态集合的划分方法，稳态概率的求解与座席的总数目 N 无关。因此理论上对任意大小的 N 都可以进行求解，两个座席组的总人数之和 N 表示本书考虑的呼叫中心问题的规模。

表 5-1 给出了不同规模下的呼叫中心服务水平的一些数值结果。本书推导的服务水平计算公式可以计算任何规模的呼叫中心，同时，对于多技能呼叫中心来说，总的座席数目相同，但是每个座席组人数不同时，对呼叫中心的服务水平也是有很大影响的。因此，有必要找出最优的各个座席组的人数，使其既可以达到服务水平，同时系统的总费用又最低。

表 5-1   电话 1 和电话 2 的服务水平 P_{sl}^1 和 P_{sl}^2 的数值结果

N	N_1	N_2	P_{sl}^1	P_{sl}^2
30	5	25	1.0000	0.9453
30	10	20	1.0000	0.8208
30	15	15	1.0000	0.7401
90	30	60	1.0000	0.9437
90	50	40	1.0000	0.8664
90	70	20	1.0000	0.8430
160	40	120	0.9074	0.9074
160	50	110	0.8636	0.8636
160	80	80	0.8495	0.8495

第二节   带有不耐烦顾客的 M 型
呼叫中心服务水平的求解

一、问题描述

本节研究了一个带有不耐烦的 M 型多技能呼叫中心排队模型,模型中有两种类型的顾客和三类座席组,如图 5-4 所示。

(1)电话到达过程。系统有两种类型的电话,电话 1 和电话 2,这两种电话的到达是互相独立的,且分别服从到达率为 λ_1 和 λ_2 的泊松过程。电话到达后如果需要排队等待,电话 1 和电话 2 分别排成两队,即队列 1 和队列 2。排队过程中,顾客可能会因为不耐烦而离开队列,为了便于计算,假设两类顾客的不耐烦时间都是服从参数为 θ 的负指数分布。

(2)服务时间。系统有三类座席组,分别拥有不同的技能,其中座席组 1 和座席组 2 是单技能的,分别拥有技能 1 和技能 2,他们只能分别为电话 1 和电话 2 服务,服务时间服从指数分布,服务率分别为 μ_1 和 μ_2,拥

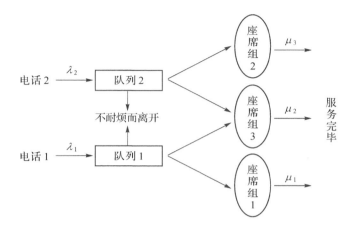

图 5-4　带有不耐烦顾客的 M 型多技能呼叫中心的状态转移

有座席人数分别为 N_1 和 N_2。座席组 3 为全技能组,同时拥有技能 1 和技能 2,可以为电话 1 服务,也可以为电话 2 提供服务,服务时间也服从指数分布,服务率为 μ_3,座席人数为 N_3。假设同一座席组对不同电话类型的服务率是相同的,同时假设被接到座席的电话都能够被一次性满意服务,即不会出现电话在不同的座席之间转接的情况。

(3)路由策略。本模型的路由政策是基于技能的路由。当呼叫到达时,电话 1 首先被分配给座席组 1 服务,当座席组 1 忙碌时选择座席组 3 进行服务,若座席组 3 也忙碌,则进入队列 1,排队等待服务。电话 2 则首先被分配给座席组 2 服务,当座席组 2 忙碌时选择座席组 3 进行服务,若座席组 3 也全部忙碌,则进入队列 2 排队等待。

(4)排队规则。两种类型电话的队列是相互独立的。假设排队空间无限,即电话不会因为排队空间不够而被系统放弃。座席组 1 和座席组 2 分别对电话 1 和电话 2 都是先到先服务。当座席结束服务时,座席组 1 选择电话 1 进行服务,座席组 2 选择电话 2 进行服务。对于座席组 3,既可以为电话 1 服务,也可以为电话 2 服务,当座席组 1 和座席组 2 全忙、电话 1 和电话 2 都排队时,则(以同样的概率)随机选择电话 1 或者电话 2 进行服务。

二、稳态概率的计算

带有不耐烦顾客的 M 型多技能呼叫中心的排队模型与第四章模型相似,类似于第四章的求解方法,对系统的状态空间进行划分,状态转移见图 5-5。

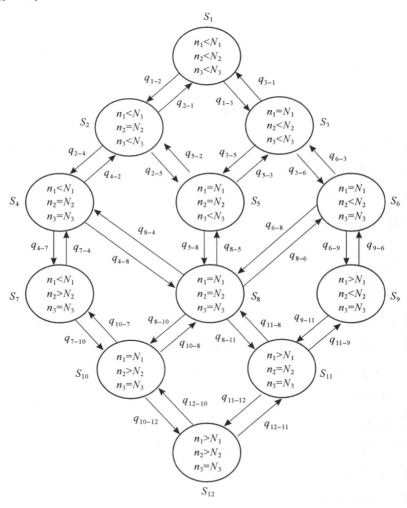

图 5-5　带有不耐烦顾客的 M 型多技能呼叫中心的状态转移

通过分析状态转移图可见,状态集之间的转移只发生在状态集的边界状态上,状态集内的各座席组之间相互独立,状态集之间的转移其实只是某一个座席组的状态发生了变化。对于本书的呼叫中心排队模型来说,引起状态变化的只有两种情况:电话到达和座席组完成服务。其中电话到达过程与第四章一样,但顾客的离开导致座席变化的不只是座席组完成服务,还包括在排队过程中顾客因为不耐烦而离开,这种情况只出现在系统中有排队的情况,因此与第四章类似,首先可以得到电话到达导致的转移率如下:

$$q_{1-2}＝q_{3-5}＝q_{6-8}＝q_{9-11}＝\lambda_2 P(n_2＝N_2－1)$$

$$q_{1-3}＝q_{2-5}＝q_{4-8}＝q_{7-10}＝\lambda_1 P(n_1＝N_1－1)$$

$$q_{2-4}＝\lambda_2 P^1(n_3＝N_3－1)$$

$$q_{3-6}＝\lambda_1 P^2(n_3＝N_3－1)$$

$$q_{5-8}＝(\lambda_1＋\lambda_2)P^3(n_3＝N_3－1)$$

$$q_{4-7}＝q_{8-10}＝q_{11-12}＝\lambda_2$$

$$q_{6-9}＝q_{8-11}＝q_{10-12}＝\lambda_1$$

座席完成服务导致的转移率如下:

$$q_{2-1}＝q_{5-3}＝q_{8-6}＝q_{11-9}＝N_2\mu_2$$

$$q_{3-1}＝q_{5-2}＝q_{8-4}＝q_{10-7}＝N_1\mu_1$$

$$q_{4-2}＝q_{6-3}＝q_{8-5}＝N_3\mu_3$$

其中 $P(n_1＝N_1－1)$,$P(n_2＝N_2－1)$,$P^1(n_3＝N_3－1)$,$P^2(n_3＝N_3－1)$,$P^3(n_3＝N_3－1)$详见第四章公式(4-2)、(4-3)、(4-4)、(4-5)、(4-6)。

与第四章不同的是,还有一种座席完成服务导致的状态变化是从座席组有排队到座席组恰好没有排队的状态。例如状态集 S_7 中的座席组2,随着座席组2完成服务或者顾客因为不耐烦而离开,可能出现由状态集 S_7 到状态集 S_4 的转移,转移图如图5-6所示。

类似于电话到达时转移率的求法,可以得到转移率为:

$$q_{7-4}＝q_{10-8}＝(N_2\mu_2＋N_3\mu_3＋\theta)P(n_2＝N_2＋1)$$

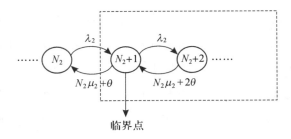

临界点

图 5-6　状态集 S_3 中座席 2 的状态转移

$$q_{9-6}=q_{11-8}=(N_1\mu_1+N_3\mu_3+\theta)P(n_1=N_1+1)$$

$$q_{12-11}=(N_2\mu_2+\frac{1}{2}N_3\mu_3+\theta)P(n_2=N_2+1)$$

$$q_{12-10}=(N_1\mu_1+\frac{1}{2}N_3\mu_3+\theta)P(n_1=N_1+1)$$

在排队队列无限长的假设下,可以利用 M/M/c+M 排队来描述这个过程,因此可以得到:

$$P(n_2=N_2+1)=\frac{\lambda}{(N_2\mu_2+\theta)N_2!}(\frac{\lambda_2}{\mu_2})^{N_2}P_0 \tag{5-11}$$

式中

$$P_0=\left[\sum_{j=0}^{N_2}\frac{(\frac{\lambda_2}{\mu_2})^j}{j!}+\sum_{k=N_2+1}^{\infty}\prod_{j=N_2+1}^{k}(\frac{\lambda_2}{N_2\mu_2+(j-N_2)\theta})\frac{(\frac{\lambda_2}{\mu_2})^{N_2}}{N_2!}\right]^{-1} \tag{5-12}$$

由前面对电话到达和座席完成服务两种情况的分析得到了 34 个状态转移率,设每个状态集的稳态概率为 $P_i(i=1,2,\cdots,12)$,由此可以得到系统的平衡方程如下:

$$P_1(q_{1-2}+q_{1-3})=P_2q_{2-1}+P_3q_{3-1}$$

$$P_2(q_{2-1}+q_{2-4}+q_{2-5})=P_1q_{1-2}+P_4q_{4-2}+P_5q_{5-2}$$

$$P_3(q_{3-1}+q_{3-5}+q_{3-6})=P_1q_{1-3}+P_5q_{5-3}+P_6q_{6-3}$$

$$P_4(q_{4-2}+q_{4-7}+q_{4-8})=P_2q_{2-4}+P_7q_{7-4}+P_8q_{8-4}$$

$$P_5(q_{5-2}+q_{5-3}+q_{5-8})=P_2q_{2-5}+P_3q_{3-5}+P_8q_{8-5}$$

$$P_6(q_{6-3}+q_{6-8}+q_{6-9})=P_3q_{3-6}+P_8q_{8-6}+P_9q_{9-6}$$

$$P_7(q_{7-4} + q_{7-10}) = P_4 q_{4-7} + P_{10} q_{10-7}$$

$$P_8(q_{8-4} + q_{8-5} + q_{8-6} + q_{8-10} + q_{8-11}) = P_4 q_{4-8} + P_5 q_{5-8} + P_6 q_{6-8} +$$
$$P_{10} q_{10-8} + P_{11} q_{11-8}$$

$$P_9(q_{9-6} + q_{9-11}) = P_6 q_{6-9} + P_{11} q_{11-9}$$

$$P_{10}(q_{10-7} + q_{10-8} + q_{10-12}) = P_7 q_{7-10} + P_8 q_{8-10} + P_{12} q_{12-10}$$

$$P_{11}(q_{11-8} + q_{11-9} + q_{11-12}) = P_8 q_{8-11} + P_9 q_{9-11} + P_{12} q_{12-11}$$

$$P_{12}(q_{12-10} + q_{12-11}) = P_{10} q_{10-12} + P_{11} q_{11-12}$$

且有 $\sum_{i=1}^{12} P_i = 1$，即所有状态集的稳态概率之和等于 1。

由以上的方程组即可求得系统所有的稳态概率 $P_i(i=1,2,\cdots,12)$。因为方程组都是线性的，同样可以利用 MATLAB 软件进行求解。

三、服务水平的计算

设 P_{sl}^1 和 P_{sl}^2 分别表示电话 1 和电话 2 在某一固定时间 T_1 和 T_2 内被服务的概率，即服务水平。以电话 1 为例，电话 1 有排队，发生在状态集 N_2、N_3 和 S_{12} 中，分析可知在状态集 N_2 和 N_3 中系统对电话 1 的服务率是 $N_1 \mu_1 + N_3 \mu_3$。在状态集 S_{12} 中，系统对电话 1 的服务率近似是 $\lambda_1 = 80$，$\lambda_2 = 60$，$\mu_1 = 1.2$，$\mu_2 = 1$，$\mu_3 = 0.8$，$\alpha_1 = \alpha_2 = 0.8$。这样就可以得到，在 T_1 时间内状态集 N_2 中座席组能接听的电话大约为取不大于 $T_1 \times (N_1 \mu_1 + N_3 \mu_3)$ 的整数个，由以上分析可以得到电话 1 在 T_1 时间内被服务的概率为：

$$P_{sl}^1 = 1 - \left(P_9 \sum_{i=k_1}^{\infty} P(n_1 = i) + P_{11} \sum_{i=k_1}^{\infty} P(n_1 = i) \right.$$
$$\left. + P_{12} \sum_{i=k_2}^{\infty} P(n_1 = i) \right) \tag{5-13}$$

式中

$$k_1 = N_1 + N_3 + [T_1(N_1 \mu_1 + N_3 \mu_3)] \tag{5-14}$$

$$k_2 = N_1 + \frac{1}{2} N_3 + [T_1(N_1 \mu_1 + \frac{1}{2} N_3 \mu_3)] \tag{5-15}$$

$$P(n_1 = i) = \prod_{j=N_1+1}^{i} \left(\frac{1}{N_1\mu_1 + (j-N_1)\theta} \right) \frac{\lambda_1^{N_1+1}}{\mu_1^{N_1} N_1!} P_0 \tag{5-16}$$

$$P_0 = \left[\sum_{j=0}^{N_1} \frac{\left(\frac{\lambda_1}{\mu_1}\right)^j}{j!} + \sum_{k=N_1+1}^{\infty} \prod_{j=N_1+1}^{k} \frac{\lambda_1 \left(\frac{\lambda_1}{\mu_1}\right)^{N_1}}{(N_1\mu_1 + (j-N_1)\theta) N_1!} \right]^{-1}$$

$$\tag{5-17}$$

此处 k_1 表示状态集 N_2 和 N_3 中大约可以接听的电话 1 的个数，k_2 表示状态集 S_{12} 中大约可以接听的电话 1 的个数。

电话 2 的情况和电话 1 一样，分析思路一致。电话 2 有排队的情况发生在状态集 S_7、S_{10} 和 S_{12} 中，因此电话 2 在 T_2 时间内被服务的概率为：

$$P_{sl}^2 = 1 - \left[P_7 \sum_{i=k_3}^{\infty} P(n_2 = i) + P_{10} \sum_{i=k_3}^{\infty} P(n_2 = i) \right.$$

$$\left. + P_{12} \sum_{i=k_4}^{\infty} P(n_2 = i) \right] \tag{5-18}$$

式中

$$k_3 = N_2 + N_3 + \left[T_2(N_2\mu_2 + N_3\mu_3) \right] \tag{5-19}$$

$$k_4 = N_2 + \frac{1}{2}N_3 + \left[T_2 \left(N_2\mu_2 + \frac{1}{2}N_3\mu_3 \right) \right] \tag{5-20}$$

其中条件概率的计算和电话 1 情况类似。此处 k_3 表示状态集 S_7 和 S_{10} 中大约可以接听的电话 2 的个数，k_4 表示状态集 S_{12} 中大约可以接听的电话 2 的个数。

由于公式(5-16)的计算非常复杂，Garnett 等[117] 给出了简便的公式(5-16)的计算公式如下：

$$P(n_1 = i) = \begin{cases} \dfrac{P^1(Bl)}{1+[A(x,y)-1]P^1(Bl)} \cdot \dfrac{N_1!}{i!\rho_1^{N_1-i}}, & i < N_1 \\[3mm] \dfrac{P^1(Bl)}{1+[A(x,y)-1]P^1(Bl)} \cdot \dfrac{\left(\frac{\lambda_1}{\theta}\right)^{i-N_1}}{\prod\limits_{j=0}^{i-N_1} \left(\frac{N_1\mu_1}{\theta}+j\right)}, & i \geqslant N_1 \end{cases}$$

$$\tag{5-21}$$

式中 $A(x,y) = \dfrac{y\mathrm{e}^{xy}}{(xy)^y} \cdot B(y,xy)$，$B(x,y) = \displaystyle\int_0^y t^{x-1}\mathrm{e}^{-t}\mathrm{d}t$，　$y > 0, x =$

$\dfrac{\lambda_1}{N_1\mu_1}$，$y = \dfrac{N_1\mu_1}{\theta}$，

$P^1(Bl)$ 为 $\mathrm{M}/\mathrm{M}/N_1/N_1$ 排队的阻塞概率，即

$$P^1(Bl) = P(系统中顾客数 = N_1) = \frac{\dfrac{\rho_1^{N_1}}{N_1!}}{\displaystyle\sum_{j=0}^{N_1}\frac{1}{j!}\rho_1^j} \tag{5-22}$$

公式(5-18)中 $P(n_2 = i)$ 的计算与(5-21)类似，将其中的参数 λ_1、μ_1 和 N_1 分别对应的换为 λ_2、μ_2 和 N_2 即可。

呼叫中心通常按座席数量的规模进行分类，这里推出的服务水平的计算公式适用于各种规模的呼叫中心。由于本书采用了状态集合的划分方法，稳态概率的求解与座席的总数目 N 无关，因此理论上对任意大小的 N 都可以进行求解。表 5-2 给出了不同规模情况下电话 1 和电话 2 的服务水平 P_{sl}^1 和 P_{sl}^2 的一些数值结果。三个座席组的总人数之和 N 表示本书考虑的呼叫中心问题的规模。

表 5-2 给出了不同规模下的呼叫中心服务水平的一些数值结果，本书推导的服务水平计算公式可以计算任何规模的呼叫中心。同时对于多技能呼叫中心来说，总的座席数目相同，但是每个座席组人数不同时，对呼叫中心的服务水平也是有很大影响的。因此有必要找出最优的各个座席组的人数，使其既可以达到服务水平，同时系统的总费用又最低。

表 5-2　电话 1 和电话 2 的服务水平 P_{sl}^1 和 P_{sl}^2

N	N_1	N_2	N_3	P_{sl}^1	P_{sl}^2
45	15	18	12	0.8373	0.8607
45	15	15	15	0.9503	0.9457
45	13	17	15	0.9221	0.9627
170	60	60	50	0.9961	1.0000

续表

N	N_1	N_2	N_3	P_{sl}^1	P_{sl}^2
170	60	50	60	0.8050	0.8163
170	50	50	70	0.8853	0.8611
260	90	90	80	0.9607	0.9765
260	90	100	70	0.9217	0.9380
260	100	100	60	0.8504	0.8835

第三节　带有不耐烦顾客的多技能呼叫中心人力需求求解

一、人力需求模型的建立

本节中将人力需求模型进行推广,假设系统中有 n 个座席组,每个座席组每个人的人力成本为 C_i,每个座席组的人数为 N_i,同时假设系统有 k 种呼入的电话类型。设目标函数为 n 个座席组的人力成本之和,则可得到人力需求计算的模型为:

$$\min Z = \sum_{i=1}^{n} C_i N_i$$

$$\text{s.t.} \quad P_{sl}^j \geqslant \alpha_j, j = 1, 2, \cdots, k,$$

$$a_i \leqslant N_i \leqslant b_i, \tag{5-23}$$

$$a_i, b_i, N_i \in Z^+, i = 1, 2, \cdots, n.$$

本书的目的是求得最优的座席人数 N_i,使人力成本 Z 最小,其中约束条件表示每类电话的服务水平 P_{sl}^j 分别大于等于 α_j。每个座席组的人数可选值范围为 (a_i, b_i),N_i 为要求解的未知正整数,寻找最优的 N_i 使人力成本最小。

这是一个非线性整数规划问题,本模型中的目标函数是线性函数,有 n 个需要确定的变量 N_i,约束条件是呼入的电话要满足一定的服务水平,约束条件是高度非线性的。由于本模型中的变量有 n 个,传统的方法如搜索算法等比较耗时,如第三章和第四章采用的隐枚举法,在这里就不再适用。由于可行解的组合非常多,搜索起来非常耗时,难以得到最优解。近年来随着智能进化算法的发展,许多学者运用启发式算法如遗传算法、粒子群优化算法、蚁群算法等方法来求解整数规划问题,效果较好。由于蚁群算法比较成熟,编程等易实现,且得到的结果较好,因此本章提出一种新的改进蚁群算法来进一步求解文中的人力需求计算模型。

蚁群算法是由意大利学者 Dorigo 等[119] 于 1991 年提出的一种仿生优化算法,这个算法通常来解决一些连续或离散的系统优化问题。在大自然中,各个蚂蚁独自寻找食物,当一只找到食物后,会向环境释放一种挥发性分泌物 pheromone(称为信息素,该物质随着时间的推移会逐渐挥发消失,信息素浓度的大小表征路径的远近) 吸引其他蚂蚁过来,这样越来越多的蚂蚁都能找到食物。有些蚂蚁并没有像其他蚂蚁一样总重复同样的路,它们会另辟蹊径,如果另开辟的道路比原来的其他道路更短,那么,渐渐地,更多的蚂蚁就被吸引到这条较短的路上来。最后,经过一段时间,就会出现一条最短的路径,被大多数蚂蚁重复着。因此蚁群算法实质上是一个通过信息素来调控的信息正反馈过程,这是蚁群算法区别于其他智能算法的显著特征。

二、人力需求模型的求解

本书将蚁群算法应用于多技能呼叫中心人力需求计算问题中,这里把每个座席组的人员分配过程看作 n 个阶段(n 个座席组,n 个阶段),每个阶段可选的座席人数为 l 种,组成的有向图如图 5-7 所示,其中 Start 为起点,End 为终点。故所求人力需求问题就转换成了一个求解从 Start 点到 End 点的有条件限制的加权最短路径问题。

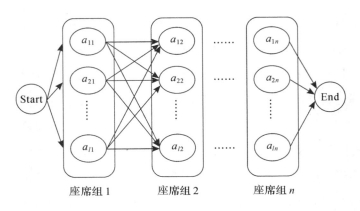

图 5-7　蚁群算法的网络

设有 m 只蚂蚁,在搜索过程中,蚂蚁根据下一座席组中各个可供选择的值的信息量及路径的启发信息来计算状态转移概率。在 t 时刻蚂蚁 k 选择第 i 个座席组的第 j 个可选值的选择概率为:

$$P_{ij}^{k}(t) = \frac{\left[\tau_{ij}(t)\right]^{\alpha}\left[\eta_{ij}(t)\right]^{\beta}}{\sum_{s=1}^{l}\left[\tau_{is}(t)\right]^{\alpha}\left[\eta_{is}(t)\right]^{\beta}} \quad j = 1,2,\cdots,l \tag{5-24}$$

式中 $\eta_{ij}(t)$ 表示 t 时刻座席组 i 的第 j 个可选值被选择的启发程度,在这里,取 $\eta_{ij} = 1/a_{ij}$,对蚂蚁 k 来说,座席组 i 的第 j 个可选座席人数值 a_{ij} 越小,则 η_{ij} 越大,选择概率 P_{ij}^{k} 越大,因此座席人数更少的节点更易被选择。式中 α 为信息启发式因子,反映了蚂蚁在运动过程中积累的信息素的重要性程度;β 为期望启发式因子,反映了启发信息在蚂蚁选择路径中的重要性程度。$\tau_{ij}(t)$ 表示 t 时刻第 i 个座席组的第 j 个可选座席数的信息素数量。

这里采用整体信息素更新策略,在蚂蚁遍历各节点后对各节点的信息素量进行更新,公式为:

$$\tau_{ij}^{new}(t) = \rho\tau_{ij}^{old}(t) + \Delta\tau_{ij}(t) \tag{5-25}$$

式中

$$\Delta\tau_{ij}(t) = \sum_{k=1}^{m} \Delta\tau_{ij}^{k}(t) \tag{5-26}$$

$$\Delta\tau_{ij}^{k}(t) = \begin{cases} Q/L & \text{若此次循环经过第 } i \text{ 个座席组的第 } j \text{ 个值,} \\ & \text{且该次循环的值满足服务水平} \\ 0 & \text{否则} \end{cases}$$

(5-27)

其中 ρ 是挥发系数,$\rho\tau_{ij}^{old}(t)$ 表示每一代蚂蚁走完全程后所有信息素挥发,$\Delta\tau_{ij}(t)$ 表示节点(i,j)上信息素的增量,$\Delta\tau_{ij}^{k}(t)$ 表示第 k 只蚂蚁留在节点 (i,j) 上的信息素增量。根据一次循环后的组合是否满足服务水平要求,对信息素做相应处理,Q 是信息素强度,L 表示此次循环所选值的总和。

蚁群算法初始化时,一般是各路径的信息素取相同值,蚂蚁以等概率选择路径,但是这样蚂蚁很难在短时间内找到好的路径,收敛速度较慢。根据本章的问题,座席人员的数量越少则成本越低,因此加以改进,改进的方法是初始信息素取人力可选值的倒数,如座席组1,可选人数值为2、3、4,则信息素为 1/2、1/3、1/4,各路径的信息量不同,以此引导蚂蚁进行路径选择。同时,蚂蚁每次遍历结束后,只有满足服务水平的解才留下信息素,不满足的不留,以减少无效搜索。

求解人力需求问题的蚁群算法如下:

(1)初始化参数,初始化待定的座席组集合及各座席组节点所对应的信息素,初始信息素取节点值的倒数,同时对各参数进行设定。

(2)初始化蚁群,将 m 只蚂蚁置于第一个座席组的节点上,初始化节点集合。

(3)计算蚂蚁转移概率,选择下一个座席组的节点,每只蚂蚁走遍 n 个座席组。

(4)在确定蚁群遍历所有节点后,判断所选路径是否满足服务水平,根据不同情况,对信息素进行更新。

(5)如果达到最大搜索次数,则输出目前最优解,否则转向步骤(2)。

从算法计算复杂度的角度来分析,由段海滨[126]关于蚁群算法基础原理的分析可知,基本蚁群算法的计算时间复杂度为 $T(n)=O(N_c\times n^2\times m)$,计算空间复杂度为 $S(n)=O(n^2)+O(m\times n)$,其中 N_c 为循环变量,m 为蚂蚁个数,n 为节点规模。在本书中,用改进的蚁群算法求解呼叫中心人力需求时,并不用循环求解各城市节点间的距离,而是使用各节点处座席数目值取而代之,这就相应减少了时间和空间的复杂度。另外,虽然本书中节点规模为 $l\times n$,其中 l 为可选座席数目,n 为座席组的数目,但实际上一旦某只蚂蚁在某个座席组中选择了一个座席数值,则该座席组中其他座席数值将进入该蚂蚁的禁忌表中,从而不会对算法的时间复杂度产生大的影响,只会在一定程度上增加空间复杂度。因此,算法的求解速度是可以得到保证的,可以做到实时性和在线求解的可能性。一般来说,算法的空间复杂度相对简单,而且本书中座席组的数目 n 取值相对较小,所以在计算复杂度方面,本书的方法也是可行的。

对于蚁群算法的求解效果,由下文的数值分析可知,将蚁群算法应用于求解多技能呼叫中心人力需求计算问题是可行有效的,不仅能够求得最优的座席数,而且无论在求解结果的精度上还是速度上,都显示出一定的优越性。具体程序见本书附录。

三、人力需求模型数值结果分析

首先,来看 N 型多技能呼叫中心座席组的费用不同时,对最优的服务员数的影响。其中参数为 $\lambda_1=80$、$\lambda_2=60$、$\mu_1=1.2$、$\mu_2=1$、$\theta=2$、$\alpha_1=\alpha_2=0.8$,接通时间限定为 $T_1=20$ 秒、$T_2=30$ 秒,即电话 1 在 20 秒内接通,电话 2 在 30 秒内接通,费用的单位为千元。

表 5-3　费用不同时每个座席组最优的座席数 N_1 和 N_2

C_1	C_2	N_1	N_2	费用/千元
2	3	21	20	102
4	3	20	21	143
6	3	20	21	183
8	3	20	21	223
3	2	20	21	102
3	4	21	20	143
3	6	21	20	183
3	8	21	20	223

　　从表 5-3 可见,座席组的费用不同时,对最优的服务员数有一定的影响,但是影响不大。当座席组 1 的费用高于座席组 2 的费用时,座席组 2 的人数多些;当座席组 2 的费用高于座席组 1 的费用时,座席组 1 的人数多些,但是相差不是很大。

　　再来看顾客的不耐烦参数 θ 对最优服务员数目的影响。顾客的放弃率为 θ 人每分钟,此处假设两个座席组的费用分别为 $C_1 = 2$(千元)和 $C_2 = 3$(千元),接通时间限定为 $T_1 = 20$、$T_2 = 30$,即电话 1 在 20 秒内接通,电话 2 在 30 秒内接通,$\lambda_1 = 80$、$\lambda_2 = 60$、$\mu_1 = 1.2$、$\mu_2 = 1$、$\alpha_1 = \alpha_2 = 0.8$。

　　从图 5-8 中的实验结果可以看出,顾客的放弃率越大,系统要达到所要求的服务水平,则需要的服务员人数越多。座席组 1 和 2 的人数都在明显增加,可见将顾客的不耐烦特性考虑到系统模型中是非常必要的,顾客的不耐烦影响了系统所需要的服务员数。

　　下面来看 M 型多技能呼叫中心座席组费用变化时,对最优服务员数目的影响。

　　表 5-4 中参数的设定为 $\lambda_1 = 80$、$\lambda_2 = 60$、$\mu_1 = 1.2$、$\mu_2 = 1$、$\mu_3 = 0.8$、$\theta = 2$、$\alpha_1 = \alpha_2 = 0.8$,接通时间限定为 $T_1 = 20$ 秒、$T_2 = 30$ 秒,即电话 1 在 20 秒内接通,电话 2 在 30 秒内接通,费用的单位仍然为千元。从表 5-4 的

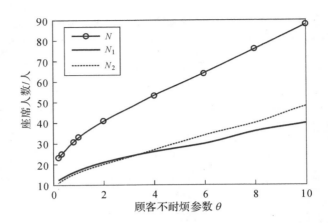

图 5-8 顾客的不耐烦参数变化时对座席人数的影响

实验结果可以发现,当座席组的费用不同时,达到系统所要求的服务水平所需的每个座席组的人数也是不同的。当三个座席组的费用相差不多时,系统更倾向于为座席组 1 和座席组 2 配备更多的服务员,而当第一个座席组的费用比第二和第三个座席组的费用明显高时,则为第三个座席组配置了更多的人员,以达到服务水平。但是如果第三个座席组的费用比其他两个座席组的费用高时,则系统几乎不需要设置第三个座席组,第三个座席组只有很少的服务员。第二个座席组的费用变化对其座席数目的影响最小,但是随着费用增加,人员也会减少。

表 5-4 费用不同时每个座席组最优的座席数目 N_1、N_2 和 N_3

C_1	C_2	C_3	N_1	N_2	N_3	费用/千元
2	3	4	20	20	1	104
4	3	2	20	19	2	141
6	3	2	12	21	14	163
8	3	2	1	20	31	130
3	6	2	12	21	14	190
3	8	2	12	21	14	232
2	2	2	20	19	2	82
3	2	4	20	20	1	104

图 5-9 是当座席组 2 和座席组 3 的费用固定不变,而座席组 1 的费用变化时,对最优服务员数的影响,以下费用的单位都为千元。从图 5-9 中可以看出,座席组 1 的费用增加时,所需的人数也在不断减少,座席组 3 的人数不断增加,比较明显的分界点是当座席组 1 的费用增加到 6 时,座席组 3 的人数超过了座席组 1 的人数。图 5-10 是当座席组 1 和座席组 3 的费用固定不变,座席组 2 的费用变化时,对最优服务员数的影响。可以看出,随着座席组 2 的费用增加,座席组 2 的服务员数目在减少,座席组 1 和座席组 3 的人数在增加,但是变化幅度不大。图 5-11 是当座席组 1 和座席组 2 的费用固定不变,座席组 3 的费用变化时,对最优服务员数的影响。从图 5-11 可以看出,只要座席组 3 的费用增加,系统为其配置的服务员就会减少,费用越高,人数越少。

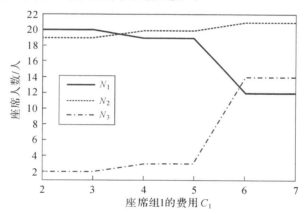

图 5-9 座席组 1 的费用变化对座席人数的影响

再来看顾客的不耐烦参数 θ 对最优服务员数目的影响。顾客的放弃率为 θ 人每分钟,此处假设三个座席组的费用分别为 $C_1=2$(千元)、$C_2=3$(千元)、$C_3=4$(千元),接通时间限定为 $T_1=20$、$T_2=30$,即电话 1 在 20 秒内接通,电话 2 在 30 秒内接通,$\lambda_1=80$、$\lambda_2=60$、$\mu_1=1.2$、$\mu_2=1$、$\mu_3=0.8$、$\alpha_1=\alpha_2=0.8$。

从图 5-12 的实验结果可见,顾客的不耐烦程度越强烈,系统要达到

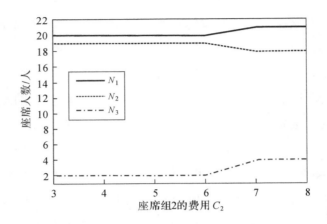

图 5-10　座席组 2 的费用变化时对座席人数的影响

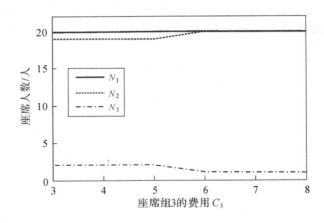

图 5-11　座席组 3 的费用变化时对座席人数的影响

所要求的服务水平,所需要的服务员人数越多。座席组 1、2 的人数都在明显地增加,而因为第三个座席组的费用较高,系统优先增加座席组 1 和座席组 2 的人数,所以其人数没有增加。

综上,对 N 型和 M 型模型的实验结果对比分析可以发现,在实际的呼叫中心中,如果座席组 3 的费用很高,则可以不设置座席组 3,从而变成两个座席组的呼叫中心,每个座席组对应一类顾客。当座席组 1 的费用很高时,则可以不设置座席组 1,只留下座席组 2 和座席组 3,这时就变

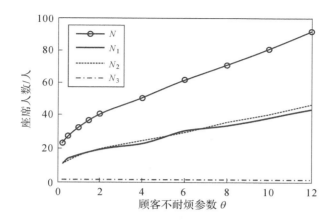

图 5-12　顾客的不耐烦参数变化时对座席人数的影响

成了 N 型的呼叫中心。由此可见,座席组的费用对座席组的设置是有很大影响的,实际呼叫中心应根据实际情况进行调整。

　　以上的实验结果都是在本书建立的模型下得到的结果,不同的模型假设会有不同的结果。比较明显的如多技能呼叫中心模型的路由策略不同时,对每个技能组人数的结果也会有一定的影响,而参数的设置不同时,对各个技能组的人数也有一定的影响。

第四节　应用举例

　　对于第三章中某物流公司的呼叫中心实例,加入不耐烦因素继续进行深入分析,首先,考虑带有不耐烦顾客的 N 型多技能的情况。系统有两种电话类型和两个不同的技能组,座席组 1 只为新客户服务,座席组 2 为老客户服务的同时也能为新客户服务,且新客户优先,顾客会因为不耐烦而离开。利用前面求得的公式,来研究分析这种情况下呼叫中心每个时段的人力需求。

　　表 5-5 是对该物流公司呼叫中心的数据进行计算分析的结果,座席

127

组 1 为新客户服务，λ_1 和 μ_1 表示新客户发件需求的到达率和服务率；座席组 2 为老客户服务，λ_2 和 μ_2 表示老客户发件需求与查询的到达率和服务率。同时座席组 2 也可以为新客户服务并且优先为新客户服务。同样选取 12 个时段的数据进行人力需求计算。其中费用参数 $C_1 = 3$（千元），$C_2 = 4$（千元），时间为 $T_1 = 20$（秒），$T_2 = 30$（秒），顾客的不耐烦参数为 $\theta = 2$。

表 5-5　带有不耐烦的 N 型模型最优的服务员数目 N_1 和 N_2

时间段	λ_1	μ_1	λ_2	μ_2	N_1	N_2	总人数	费用/千元
07:00—07:30	26	0.8	48	2.5	14	12	26	90
07:30—08:00	22	0.7	67	2.2	14	10	24	82
08:00—08:30	41	0.8	87	2.8	18	10	28	94
08:30—09:00	58	0.6	83	2.3	31	11	42	137
09:00—09:30	38	0.6	75	2.3	27	11	38	125
09:30—10:00	45	0.5	85	2.6	31	10	41	133
10:00—10:30	39	0.6	76	2.4	24	10	34	112
10:30—11:00	44	0.7	64	1.6	22	14	36	122
11:00—11:30	24	0.5	52	2.5	20	10	30	100
11:30—12:00	23	0.5	52	2.2	19	10	29	97
12:00—12:30	28	0.5	41	2.4	23	10	33	109
12:30—13:00	20	0.7	84	1.2	13	21	34	123

图 5-13 给出了当顾客的不耐烦参数取不同的值时，系统总人力需求的变化情况。由图 5-13 可见，顾客的不耐烦参数值越大，即顾客的耐心等待时间越短，则越需要更多的服务员来达到系统所要求的服务水平。

其次，考虑带有不耐烦顾客的 M 型多技能的情况。系统有两种电话类型和 3 个不同的技能组，座席组 1 只为新客户服务，λ_1 和 μ_1 表示新客户发件需求的到达率和服务率；座席组 2 只为老客户服务，λ_2 和 μ_2 表示

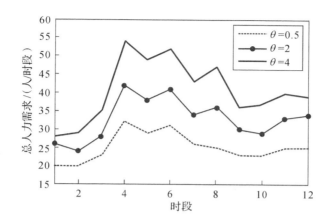

图 5-13 N 型模型中顾客的不耐烦参数 θ 变化时总的人力需求

老客户发件需求与查询的到达率和服务率。座席组 3 既能为老客户服务,也能为新客户服务,服务率为 μ_3。顾客会因为不耐烦而离开,顾客的不耐烦参数为 $\theta=2$。3 个座席组的费用分别是 $C_1=3$(千元)、$C_2=3$(千元)和 $C_3=4$(千元)。

下面来研究分析这种情况下呼叫中心每个时段的人力需求,结果见表 5-6。与第三章第五节和第四章第五节中的模型相比较,此处进一步考虑带有顾客不耐烦的情况,如果考虑了顾客的不耐烦特点,则系统实际所需的座席数目会更少一些。

表 5-6 带有不耐烦的 M 型模型最优的服务员数 N_1、N_2 和 N_3

时间段	λ_1	μ_1	λ_2	μ_2	μ_3	N_1	N_2	N_3	总人数	费用/千元
07:00—07:30	26	0.8	48	2.5	1.3	33	20	1	54	163
07:30—08:00	22	0.7	67	2.2	1.0	32	31	1	64	193
08:00—08:30	41	0.8	87	2.8	1.3	52	32	1	85	256
08:30—09:00	58	0.6	83	2.3	1.3	97	37	1	135	406
09:00—09:30	38	0.5	75	2.3	1.1	77	33	1	111	334
09:30—10:00	45	0.5	85	2.6	1.3	91	33	1	125	376
10:00—10:30	39	0.6	76	2.4	1.0	66	32	1	99	298

续表

时间段	λ_1	μ_1	λ_2	μ_2	μ_3	N_1	N_2	N_3	总人数	费用/千元
10:30—11:00	44	0.7	64	1.6	1.0	63	41	1	105	316
11:00—11:30	24	0.5	52	2.5	0.8	49	21	1	71	214
11:30—12:00	23	0.5	52	2.2	1.0	47	24	1	72	217
12:00—12:30	28	0.5	41	2.4	0.8	57	18	1	76	229
12:30—13:00	20	0.7	84	1.2	0.8	29	71	5	105	320

从表 5-5 和表 5-6 中的结果可以明显看出，如果顾客的不耐烦参数 $\theta=2$ 时，要达到系统要求的服务水平，所需要的每个技能组的人数都有所减少，当然总人数比不考虑顾客不耐烦情况要少。这是因为，由于一些顾客会不耐烦，他们在没有接受服务前就离开了，相当于系统中总的顾客数并没有到达率显示的顾客那么多，由此可以得出，在实际的呼叫中心系统中，为了避免安排过多的服务员，应当考虑顾客的不耐烦特性，以避免资源浪费，从而节省人力成本。

第五节 本章小结

本章研究了带有不耐烦顾客的 N 型和 M 型多技能呼叫中心的人力需求计算问题。将顾客的不耐烦特性考虑到模型中是十分必要的，顾客的不耐烦程度直接影响了系统中需要配置的座席数量。

首先，利用排队理论研究了带有不耐烦顾客的 N 型多技能呼叫中心，利用 M/M/c＋M 排队的相关结果，求出了系统的平衡方程和稳态概率，给出了系统服务水平的计算公式和数值算例。其次，研究了 M 型带有不耐烦顾客的多技能呼叫中心系统，同样求得了服务水平的计算公式，并给出了数值算例。最后，建立了带有不耐烦顾客的人力需求计算模型。利用蚁群算法这种启发式算法对模型进行了求解，给出了蚁群算法过程，并进行了数值分析。数值结果表明,顾客的不耐烦程度越强烈,要达到所要求的服务水平,则系统所需服务员数越多。本章还通过对物流中心实例的进一步分析,得到了不耐烦因素对实际呼叫中心系统人力需求的影响。

第六章　N型和M型多技能呼叫中心排队信息提示问题

排队信息提示是呼叫中心的一种新型的运营模式,它是指呼叫中心通过语音提示的方式告知顾客估计需要等待的时间。告知顾客需要等待的排队时间,对于看不见队列的服务系统,如呼叫中心服务系统,具有特殊的重要作用。在这类队列不可见的服务系统中,等待时引起的不耐烦情绪要比队列可见的系统高很多,而且这种不耐烦并不会随着时间慢慢减少,顾客没有办法估计队列的长度或者进展程度,所以不耐烦、焦虑等情绪反而会随着等待而不断增加。而为顾客提供排队信息提示,可以大大避免这些情况的出现,使等待的过程可以被顾客接受。通过前面的文献综述,可以发现排队信息提示对顾客的等待心理有很大的影响,可以提高顾客的满意度。本章将对带有排队信息提示的 N 型和 M 型多技能呼叫中心进行研究,分析排队信息提示对系统的影响。

第一节　顾客耐心无限的 N 型多技能呼叫中心

一、模型描述

本节研究的是一个带有排队信息提示的多技能 N 型呼叫中心,系统有两种类型的电话,这两种电话的到达是互相独立的,且分别服从到达率为 λ_1 和 λ_2 的泊松过程。同时系统有两类座席组,分别拥有不同的技能,其中座席组 1 只能为电话 1 服务,服务时间服从指数分布,服务率为 μ_1,拥有座席人数 N_1;座席组 2 可以为电话 1 服务,也可以为电话 2 提供服务,服务时间也服从指数分布,服务率为 μ_2,座席人数为 N_2。假设同一座席组对不同电话类型的服务率是相同的,同时假设被接到座席的电话都能够被一次性满意地服务,即不会出现电话在不同的座席之间转接的情况。

本模型的路由政策是基于技能的路由,同时考虑两种不同类型呼叫的重要性,本书假设第 1 类电话比第 2 类电话重要,即电话 1 拥有非抢占优先权。当呼叫到达时,电话 2 被分配给座席组 2 来服务,而对于电话 1,优先被分配给座席组 1 服务,当座席组 1 全部忙碌时则选择座席组 2 进行服务;若座席组 2 也全部忙碌,则进入队列 1 排队等待。当座席结束服务时,座席组 2 优先选择电话 1 进行服务,只有在电话 1 的排队队列是空的情况下,才选择电话 2 进行服务,而座席 1 则只对电话 1 进行服务。两种类型电话的队列是相互独立的。假设排队空间无限,即电话不会因为排队空间不够而被系统放弃,对于同一类型的电话都是先到先服务。

本模型中不考虑顾客的不耐烦特性,因此向顾客提示进行排队信息对原始模型不会有影响,所以是否通知顾客他们需要等待的排队时间,对系统的性能指标是没有影响的。但是告知顾客他们需要等待的时间,可以大大减少顾客等待过程中的不确定性,从而提高顾客的满意度。

二、预测和通知顾客排队需要等待的时间

考虑一个新的呼叫到达系统时,有两种可能的情况,一是系统中还有可以为它服务的服务员空闲,则这个新的呼叫将立刻得到服务,不需要等待。因此系统不需要为它提供任何等待信息。另外一种情况就是呼叫到达时,系统可以提供服务的服务员都处于忙碌状态,则它必须在队列中等待服务,系统会对顾客进行排队信息提示,通知他需要等待的时间。

对于现代呼叫中心系统,每一个新的呼叫到达时系统的状态是已知的,用系统中顾客的数目来定义系统的状态。设 n_1 为新到达的电话 1 所看到的队列 1 中的电话 1 的数目,n_2 为新到达的电话 2 所看到的队列 2 中电话 2 的数目,同时设 $n_T = n_1 + n_2$ 为系统队列 1 和队列 2 中总共的排队人数。具体模型如图 6-1 所示,此时队列 1 中有 n_1 人,队列 2 中有 n_2 人。

下面来计算电话 1 和电话 2 的平均等待时间。假设系统服务员处于忙碌状态,且 $n_T = n_1 + n_2 \geqslant 0$,有电话在队列中等待。将电话 1 的等待时

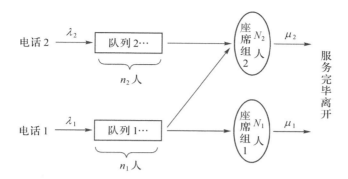

图 6-1　顾客耐心无限的 N 型呼叫中心模型

间和电话 2 的等待时间分开进行研究,因为电话 1 具有非抢占优先权,所以电话 1 会占用电话 2 的服务员进行服务,使电话 2 的等待时间受到电话 1 到达的影响,因此要分开来进行研究。

（一）电话 1 等待时间的计算

由于本模型路由策略的设置,电话 1 具有优先权,当座席组 1 服务员都处于忙碌状态时,座席组 2 的服务员也可以为电话 1 服务,且优先选择电话 1 进行服务。此时出现两个座席组同时为电话 1 服务的情况,座席组 1 拥有 N_1 个服务员,服务率为 μ_1,座席组 2 拥有 N_2 个服务员,服务率为 μ_2。无论是座席组 1 服务完成一个服务还是座席组 2 服务完成一个服务,下一个选择服务的电话都是电话 1。新到的电话 1 在队列中等待的时间与电话 2 排队等待的数量无关,同样也与后面到达的电话 1 无关,因为系统是先到先服务的。

当有一个新的电话 1 到达时,系统中队列 1 中有 n_1 个电话在排队,所有服务员均处于忙碌状态,则新到达的电话 1 必须等待它前面的这 n_1 个电话都进入服务状态,且有一个电话刚好被服务完,它才能进入被服务的状态。系统的服务时间服从指数分布,且均值为 $1/(N_1\mu_1 + N_2\mu_2)$,因为此时系统中有 $N_1 + N_2$ 个服务员同时为电话 1 服务,N_1 个服务员的服务率为 μ_1,N_2 个服务员的服务率为 μ_2。以 $W_{n_1}^1$ 表示电话 1 的实际等待时间,即电话 1 进入系统后在获得服务之前的等待时间,等待时间 $W_{n_1}^1$ 是一个纯灭的随机过程。因此可以得到,新到达的电话 1 的等待时间为 n_1+1 个独立同分布的、参数为 $N_1\mu_1+N_2\mu_2$ 的指数随机变量的和,这是一个 n_1+1 阶埃尔朗分布。

设 $\mu=N_1\mu_1+N_2\mu_2$,则可以得到电话 1 的等待时间 $W_{n_1}^1$ 的概率分布密度函数为

$$f_1(t)=\frac{\mu\,(\mu t)^{n_1}}{n_1!}\mathrm{e}^{-\mu t},t\geqslant 0 \tag{6-1}$$

分布函数为

$$F_1(t)=1-\mathrm{e}^{-\mu t}\sum_{i=0}^{n_1}\frac{(\mu t)^i}{i!},t\geqslant 0 \tag{6-2}$$

平均等待时间为

$$E[W_{n_1}^1]=\frac{n_1+1}{\mu} \tag{6-3}$$

方差为

$$D[W_{n_1}^1]=\frac{n_1+1}{\mu^2} \tag{6-4}$$

（二）电话 2 等待时间的计算

电话 2 的等待时间计算比电话 1 要复杂一些,由于电话 1 有服务优先权,电话 2 要等电话 1 都服务完之后才能得到服务。假设有一个新到达的电话 2 进入系统,此时系统中电话 1 有排队,队列 1 中有 n_1 个电话,电话 2 也有排队,队列 2 中有 n_2 个电话,则这个电话 2 进入服务前,必须等待 $n_T=n_1+n_2$ 个电话都被服务完,以及这期间可能到达的电话 1 也要被服务完,且有一个电话 2 刚好服务完,这个电话 2 才能接受服务。由于所有电话都是相互独立的,且系统能够持续工作,必须注意到电话 2 的等待时间不依赖于他前面顾客的服务顺序,可以将电话 2 前面的电话分成两部分,一部分是电话 1 完成服务需要的时间,一部分是电话 2 完成服务需要的时间。电话 2 只能由座席组 2 服务,而电话 1 可以由座席组 1 服

务,也可以由座席组 2 服务。

设 $W_{n_2}^2$ 表示电话 2 的实际等待时间,即电话 2 进入系统后在获得服务之前的等待时间。设 $W_{n_2}^2$ 表示服务 n_2+1 个电话 2 的时间,$W_{n_1}^2$ 表示服务 n_1 个电话 1 及这期间到达的电话 1 的时间,则电话 2 的实际等待时间 $W_{n_T}^2=W_{n_1}^2+W_{n_2}^2$。首先来看 n_2+1 个电话 2 的服务时间 $W_{n_2}^2$,此时系统中有 N_2 个服务员为电话 2 服务,服务率为 μ_2,服务时间服从指数分布,且均值为 $1/N_2\mu_2$。由此可以得到,服务电话 2 的等待时间为 n_2+1 个独立同分布的、参数为 $N_2\mu_2$ 的指数随机变量的和,这是一个 n_2+1 阶埃尔朗分布。可以得到电话 2 的第二部分等待时间 $W_{n_2}^2$ 的概率分布密度函数为

$$f_2(t)=\frac{N_2\mu_2(N_2\mu_2 t)^{n_2}}{n_2!}e^{-N_2\mu_2 t},t\geqslant 0 \tag{6-5}$$

分布函数为

$$F_2(t)=1-e^{-N_2\mu_2 t}\sum_{i=0}^{n_2}\frac{(N_2\mu_2 t)^i}{i!},t\geqslant 0 \tag{6-6}$$

平均等待时间为

$$E[W_{n_2}^2]=\frac{n_2+1}{N_2\mu_2} \tag{6-7}$$

下面来计算服务 n_1 个电话 1 及这期间到达的电话 1 的等待时间 $W_{n_1}^2$,此时由于电话 1 的非抢占优先权,系统中有 N_1+N_2 个服务员同时为电话 1 服务,N_1 个服务员的服务率为 μ_1,N_2 个服务员的服务率为 μ_2,同时电话 1 的到达率为 λ_1。因为电话的服务时间服从指数分布,都是相互独立的,与已经服务完的电话没有关系,则系统对电话 1 的服务率为 $N_1\mu_1+N_2\mu_2$,同时又有 λ_1 个电话 1 到达,因此单位时间可以服务的电话数为 $N_1\mu_1+N_2\mu_2-\lambda_1$。等待时间 $W_{n_1}^2$ 的概率密度函数很难得到,但是等待时间 $W_{n_1}^2$ 的均值是比较容易得到的,通过将 n_1 个电话 1 的服务时间的均值求和,可以得到

$$E[W_{n_1}^2]=\frac{n_1}{N_1\mu_1+N_2\mu_2-\lambda_1} \tag{6-8}$$

由以上分析的两部分,可以得到电话 2 的平均等待时间为

$$E[W_{n_T}^2] = E[W_{n_1}^2] + E[W_{n_2}^2] = \frac{n_1}{N_1\mu_1 + N_2\mu_2 - \lambda_1} + \frac{n_2 + 1}{N_2\mu_2} \quad (6\text{-}9)$$

第二节　带有不耐烦顾客的 N 型多技能呼叫中心

一、模型描述

在本节中,进一步考虑在模型中加入顾客不耐烦特性,允许顾客在排队等待的过程中因为不耐烦而离开。此处研究一个带有排队信息提示和不耐烦顾客的多技能 N 型呼叫中心,系统有两种类型的电话,有两类座席组,模型的描述和本章第一节中一致,但是此处增加了顾客的不耐烦因素。当顾客进入系统后,会听到系统提供的排队信息,即需要等待的时间,每个顾客都有一定的耐心值,如果需要等待的时间大于顾客的耐心值,这个顾客将离开系统,不再回来。加入顾客的不耐烦特性后,排队等待时间的计算将更加复杂。

与上一节中顾客耐心无限的模型相比,本节的模型更加复杂,因为顾客行为可能发生变化,因此预测顾客排队需要等待的时间的计算也就不再简单。在本节中,将考虑通知顾客排队需要等待的时间对顾客放弃行为的影响,当通知一个顾客他将要等待的时间后,这位顾客可能会觉得需要等待的时间太长而立刻挂断电话离开,也可能会觉得等待时间可以接受而在队列中等待服务。对于后一种可能,仍然会有两种结果,一是顾客一直不会放弃,一直等到接受服务;二是顾客的耐心发生变化,即尽管这个顾客已经选择了排队等待,但是等待的过程中仍然因为不耐烦而离开。这里是和前面第五章的不耐烦模型不同的地方,根据通知给顾客的需要排队等待的时间,顾客的行为会变化,这个等待时间和顾客所预期的等待

时间会有所差别，从而影响顾客下一步的决定，即选择离开还是继续等待。关于这方面的一些详细内容参见 Armony 等[34] 和 Guo 等[35] 的文献。

　　排队等待信息提示有很多种形式，比如根据排队的人数，提供需要等待的顾客数，即通知顾客前面有多少个顾客在排队；再比如根据需要等待的时间，提供需要等待的时间，即顾客需要在多长时间后可以得到服务。最好的办法是告诉一个新到达的顾客他需要等待的具体时间，但这个等待时间是随机的，不可能事先知道。实际中可以给新到达顾客实际等待时间的一个近似结果，即估计等待时间。呼叫中心为顾客提供可靠性程度为 β 的估计等待时间，可靠程度 β 即为实际排队等待时间不超过提示的排队等待时间的概率。

　　假设每一个到达的顾客都有自己的耐心值，当一个新顾客到达时，如果系统中有可以为他服务的服务员空闲时，该顾客立即得到服务。如果所有座席人员都忙碌，当他听到系统为他提供的排队信息提示后，如果超过他的耐心值，则他会有一定的概率选择马上离开系统，否则就进入系统排队等待服务。此处假设顾客选择进入队列排队等待后，就不再离开系统。当系统的可靠程度 β 很高时，这种假设也是合理的，因为这种情况下估计的等待时间也是相对准确的。对于加入队列后还可能不耐烦离开的情况，Jouini 等[33] 的文献研究了只有一种顾客类型的情况。

　　假设有一个新的电话到达时，队列 1 中的电话 1 的排队数为 n_1，队列 2 中电话 2 的排队数为 n_2，用 $n_T = n_1 + n_2$ 表示系统队列 1 和队列 2 中总共的排队人数。这里只关注当所有服务员都忙的情况，当新的电话到达时，系统会通知顾客排队需要等待的时间，当提示的排队时间大于顾客的耐心值，则顾客会选择直接退出，不再回来。这里设电话 1 的耐心值为 T_1，即电话 1 最大愿意等待的时间，服从参数为 θ_1 的指数分布。电话 2 的耐心值为 T_2，即电话 2 最大愿意等待的时间，服从参数为 θ_2 的指数分布。从前面的分析可见，对于 N 型多技能呼叫中心，电话 1 和电话 2 的情况是完全不同的,电话 1 具有非抢占优先权,电话 2 必须等所有排队的电话 1 都被服务完之后才开始被服务。因此新到达的电话 1 退出的概率只与 n_1 有关,设为 $P_{bk}^1(n_1)$。而新到达的电话 2 退出的概率与 n_1 和 n_2 都有关系,设为 $P_{bk}^2(n_1,n_2)$。

设 $Y_{n_1}^1$ 为电话 1 到达时前面队列中有 n_1 个电话 1 时,等待时间的随机变量。同样设 $Y_{(n_1,n_2)}^2$ 为电话 2 到达时前面队列 1 中有 n_1 个电话 1,队列 2 中有 n_2 个电话 2 时,等待时间的随机变量。进一步设 $G_{n_1}^1(t)$ 和 $G_{(n_1,n_2)}^2(t)$ 分别为当 $t>0$ 时 $Y_{n_1}^1$ 和 $Y_{(n_1,n_2)}^2$ 的概率密度函数。设呼叫中心为到达的电话 1 和电话 2 提供的估计等待时间为 $W_{n_1}^1$ 和 $W_{(n_1,n_2)}^2$,分别为各自实际等待时间的期望,则当听到提示信息后,电话 1 和电话 2 不耐烦离开的概率分别为

$$P_{bk}^1(n_1)=P(T_1<W_{n_1}^1)=1-\mathrm{e}^{-\theta_1 w_{n_1}^1} \tag{6-10}$$

$$P_{bk}^2(n_1,n_2)=P(T_2<W_{(n_1,n_2)}^2)=1-\mathrm{e}^{-\theta_2 w_{(n_1,n_2)}^2} \tag{6-11}$$

增加了排队信息提示后的系统模型如图 6-2 所示。

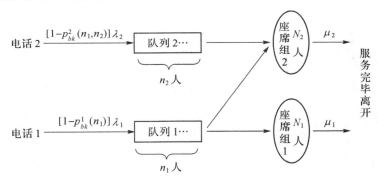

图 6-2　带有不耐烦顾客的呼叫中心模型

这里需要注意的是,本书假设顾客的离开决定彼此之间是相互独立的,因此顾客的到达过程仍然是泊松过程。

二、预测和通知顾客排队需要等待的时间

对于现代呼叫中心,当每一个新的呼叫到达时系统的状态是已知的,而系统中还有可以为它服务的服务员空闲时,则这个新的呼叫将立刻得到服务,不需要等待。因此系统不需要为它提供任何等待信息。呼叫到达时,当可以提供服务的服务员都处于忙碌状态,则该顾客必须在队列中等待服务,系统会对他进行排队信息提示,通知他需要等待的时间。这里将电话 1 和电话 2 的等待时间 $Y_{n_1}^1$ 和 $Y_{(n_1,n_2)}^2$ 分开进行研究,由于系统路由策略的设置,电话 2 的分析要比电话 1 复杂得多,首先要计算实际的等待时间,再进一步计算顾客听到提示信息后的离开概率。

(一)电话 1 等待时间的计算

由于本模型路由策略的设置,电话 1 具有优先权,当座席组 1 的服务员都处于忙碌状态时,座席组 2 的服务员也可以为电话 1 服务,且优先选择电话 1 进行服务,此时出现两个座席组可以同时为电话 1 服务的情况,座席组 1 拥有 N_1 个服务员,服务率为 μ_1,座席组 2 拥有 N_2 个服务员,服务率为 μ_2。无论是座席组 1 完成一个服务还是座席组 2 完成一个服务,下一个选择服务的电话都是电话 1。新到的电话 1 在队列中等待的时间与电话 2 排队等待的数量无关,同样也与后面到达的电话 1 无关,因为系统是先到先服务的。

设当有一个新的电话 1 到达时,系统中队列 1 中有电话 n_1 个在排队,所有服务台均处于忙碌状态,则新到达的电话 1 必须等待它前面的这 n_1 个电话都进入服务状态,且有一个刚好服务完,它才能进入被服务的状态。由于本模型前面的假设为当顾客进入队列排队等待后就不再离开,所以系统的服务时间服从指数分布,且均值为 $1/(N_1\mu_1 + N_2\mu_2)$。因为此时系统中有 $N_1 + N_2$ 个服务员同时为电话 1 服务,N_1 个服务员的服务率为 μ_1,N_2 个服务员的服务率为 μ_2。因此可以得到,新到达的电话 1

的等待时间为 n_1+1 个独立同分布的、参数为 $N_1\mu_1+N_2\mu_2$ 的指数随机变量的和，这是一个 n_1+1 阶埃尔朗分布。

设 $\mu=N_1\mu_1+N_2\mu_2$，则可以得到电话 1 的等待时间随机变量 $Y_{n_1}^1$ 的概率分布密度函数为

$$G_{n_1}^1(t)=\frac{\mu\,(\mu t)^{n_1}}{n_1!}e^{-\mu t},t\geqslant 0 \qquad (6\text{-}12)$$

平均等待时间为

$$E[Y_{n_1}^1]=\frac{n_1+1}{\mu} \qquad (6\text{-}13)$$

方差为

$$D[Y_{n_1}^1]=\frac{n_1+1}{\mu^2} \qquad (6\text{-}14)$$

则可以得到系统给电话 1 提供的估计等待时间 $w_{n_1}^1=E[Y_{n_1}^1]$，则可以计算出电话 1 听到系统提示的等待时间后选择退出的概率为 $P_{bk}^1(n_1)=P(T_1<w_{n_1}^1)=1-e^{-\theta_1 w_{n_1}^1}$。

（二）电话 2 等待时间的计算

下面分析一下电话 2 的等待时间，由于电话 1 的优先权，电话 2 要等电话 1 都服务完之后才能得到服务。假设有一个新到达的电话 2 进入系统，此时系统中电话 1 排队，队列 1 中有 n_1 个电话 1，电话 2 也排队，队列 2 中有 n_2 个电话 2。则这个电话 2 进入服务前，必须等待 $n_T=n_1+n_2$ 个电话都被服务完，以及这期间可能到达的电话 1 也要被服务完，且有一个电话 2 刚好被服务完，这个电话 2 才能接受服务。

新到达的电话 2 的等待时间随机变量 $Y_{(n_1,n_2)}^2$ 与后面到达的电话 2 是无关的，因为系统是先到先服务的，但是在等待期间所有到达的电话 1 是必须考虑的，因为电话 1 有优先权，要先为电话 1 服务。由于假设电话进入队列排队等待后就不再离开，所以只考虑等待期间进入到队列中的电话 1。因此对于新到达的电话 2，它前面的队列的变化是，只要电话 1 还

没有服务完,在它前面的电话 2 的数量是不变的,始终是 n_2 个,不会增加。当电话 1 服务完后,电话 2 的数量就会随着服务完成而不断减少。而电话 1 的数量在变化,在等待期间到达一个电话 1,数量就会增加,而服务完一个数量又会减少。同时,还要注意电话 1 到达后,听到提示的等待信息,会以一定的概率选择离开还是进入队列等待服务。

　　基于以上的解释,设系统处于一个随机的状态(m_1,m_2),其中 m_1 表示队列 1 中电话 1 的数量,m_2 表示队列 2 中电话 2 的数量,$m_1,m_2 \geqslant 0$,则系统的状态转移过程可以用一个二维的马尔科夫过程表示。另外,假设这个马尔科夫链有一个吸收态,用(-1)来表示。当系统转移到(-1)状态时,则两个队列都空,且有一个电话 2 服务完成,即新到达的第 n_1+1 个电话 2 刚好可以进入服务。当有 m_1 个电话在队列 1 中时,由于电话 1 听到提示后会以一定的概率离开,则到达率可以表示为

$$\lambda_1(m_1)=\lambda_1[1-P_{\text{块}}^1(m_1)],m_1 \geqslant 0 \tag{6-15}$$

则此时系统的状态转移如图 6-3 所示。

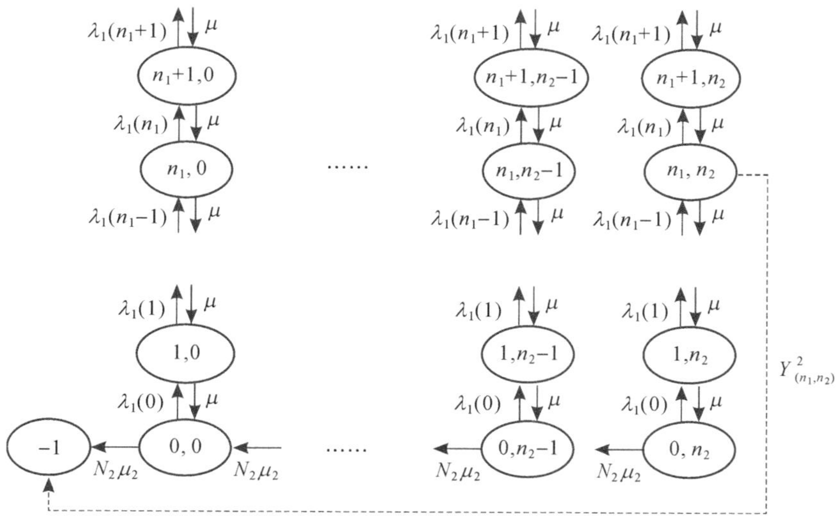

图 6-3　系统的状态转移

转移率为

$$
\begin{cases}
q_{(m_1,m_2)(m_1+1,m_2)} = \lambda_1(m_1), & m_1,m_2 \geq 0 \\
q_{(m_1,m_2)(m_1-1,m_2)} = \mu, & m_1,m_2 \geq 0 \\
q_{(0,m_2)(0,m_2-1)} = N_2\mu_2, & m_2 \geq 0 \\
q_{(0,0)(-1)} = N_2\mu_2 &
\end{cases} \tag{6-16}
$$

式中 $\mu = N_1\mu_1 + N_2\mu_2$。

由状态转移图可以看出，电话 2 的等待时间随机变量 $Y^2_{(n_1,n_2)}$ 为从状态 (n_1,n_2) 到状态 (-1) 的等待时间的和，因此可以得到随机变量 $Y^2_{(n_1,n_2)}$，可以写成

$$
Y^2_{(n_1,n_2)} = U(n_1) + V_{n_2} + \cdots + V_1 + V_0 \tag{6-17}
$$

式中 $U(n_1)$ 为服务完所有的电话 1 所用时间的随机变量，$V_i(i=1,2,\cdots,n_2)$ 表示服务每个电话 2 所用时间的随机变量；V_0 表示再服务完一个电话 2 所用时间的随机变量，即系统由状态 $(0,0)$ 转移到状态 (-1) 所用时间。

由马尔科夫过程的性质可知，$U(n_1)$，$V_i(i=1,2,\cdots,n_2)$，V_0 这些变量都是相互独立的，且 V_i 和 V_0 是独立同分布的。设 $E(Y^2_{(n_1,n_2)})$ 表示随机变量 $Y^2_{(n_1,n_2)}$ 的期望，即平均等待时间，则可以得到

$$
E(Y^2_{(n_1,n_2)}) = E(U(n_1)) + (n_2+1)E(V_0) \tag{6-18}
$$

下面首先来计算服务完电话 1 所用的时间 $U(n_1)$ 的期望。实际上电话 1 的服务过程，是一个生灭过程，其状态转移过程如图 6-4 所示。

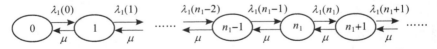

图 6-4　电话 1 的状态转移

随机变量 $U(n_1)$ 即为从状态 n_1 转移到状态 0 所用的时间，对这个生灭过程，Liu 等[26] 对其进行了详细的研究，给出了很好的结果，在这里直接引用其结果。为了结果表示形式的简单，设 $\delta_m = \lambda_1(m-1)$，$m \geq 1$，当

$m=0$ 时，$\delta_0=1$，另外设 $\Phi_0=1$，则

$$\Phi_m = \frac{\prod\limits_{j=0}^{m-1}\delta_j}{\mu^m}, m \geq 1 \tag{6-19}$$

且可以得到

$$E(U(n_1)) = \sum_{m=0}^{n_1} \frac{1}{\delta_m \Phi_m} \sum_{j=m+1}^{\infty} \Phi_j \tag{6-20}$$

再来看服务电话 2 所用时间的期望。系统中有 N_2 个服务员为电话 2 服务，服务率为 μ_2，服务时间服从指数分布，且均值为 $1/N_2\mu_2$。由此可以得到，服务电话 2 的等待时间 $V_i(i=1,2,\cdots,n_2)$。V_0 为 n_2+1 个独立同分布的参数为 $N_2\mu_2$ 的指数随机变量，则可以得到

$$E(V_0) = \frac{1}{N_2\mu_2} \tag{6-21}$$

综上可得电话 2 的平均等待时间为

$$E(Y_{(n_1,n_2)}^2) = E(U(n_1)) + (n_2+1)E(V_0)$$

$$= \sum_{m=0}^{n_1} \frac{1}{\delta_m \Phi_m} \sum_{j=m+1}^{\infty} \Phi_j + \frac{n_2+1}{N_2\mu_2} \tag{6-22}$$

由以上的结果可以进一步求得到系统给电话 2 提供的估计等待时间 $W_{(n_1,n_2)}^2 = E(Y_{(n_1,n_2)}^2)$，则可以计算出电话 2 听到系统提示的等待时间后选择退出的概率为

$$P_{bk}^2(n_1,n_2) = P(T_2 < W_{(n_1,n_2)}^2) = 1 - e^{-\theta_2 W_{(n_1,n_2)}^2} \tag{6-23}$$

三、排队信息提示对 N 型模型人力需求的影响

由上一节的分析可以发现，在本章的模型中，对系统增加排队信息提示后会对系统的到达率产生影响。顾客在听到排队信息后，可能会由于不耐烦而离开系统，也可能进入队列排队，直到服务完成再离开。为了明显看出增加了排队信息提示对系统座席人数的影响，这里和第三章第四节中建立的 N 型多技能呼叫中心人力需求模型进行对比分析。第四节中的

模型只是单纯的 N 型模型,没有考虑其他因素,为了对比,此处将第四节的模型称作模型 1。系统的其他参数和模型 1 都是一样的,因此带有排队信息提示的人力需求模型与模型 1 相同,求解过程也一样,此处不再赘述。

下面继续对第三章第五节中的实例某物流公司呼叫中心的数据进行计算分析,结果如表 6-1 所示。同样令座席组 1 为新客户服务,λ_1 和 μ_1 表示新客户发件需求的到达率和服务率。座席组 2 为老客户服务,λ_2 和 μ_2 表示老客户发件需求与查询的到达率和服务率,同时座席组 2 也可以为新客户服务并且新客户优先服务。选取 12 个时段的数据进行人力需求计算。这里假设费用参数 $C_1 = 3$(千元)、$C_2 = 4$(千元),表中费用的单位为千元,时间为 $T_1 = 20$(秒),$T_2 = 30$(秒)。

表 6-1 最优的座席数 N_1 和 N_2 对比结果

时间段	λ_1	μ_1	λ_2	μ_2	模型 1			带有排队信息模型		
					N_1	N_2	费用/千元	N_1	N_2	费用/千元
07:00—07:30	26	0.8	48	2.5	39	23	209	32	17	164
07:30—08:00	22	0.7	67	2.2	35	34	241	30	24	186
08:00—08:30	41	0.8	87	2.8	58	35	314	47	26	245
08:30—09:00	58	0.6	83	2.3	108	44	500	90	32	398
09:00—09:30	38	0.5	75	2.3	85	37	403	68	28	316
09:30—10:00	45	0.5	85	2.6	99	38	449	81	28	355
10:00—10:30	39	0.6	76	2.4	72	37	364	61	26	287
10:30—11:00	44	0.7	64	1.6	74	47	410	60	36	324
11:00—11:30	24	0.5	52	2.5	55	24	261	44	18	204
11:30—12:00	23	0.5	52	2.2	52	27	264	43	20	209
12:00—12:30	28	0.5	41	2.4	63	23	281	53	17	227
12:30—13:00	20	0.7	84	1.2	32	74	392	26	53	290

从表 6-1 的数值结果可以进一步证实,对顾客进行排队信息提示确实会影响系统中服务员的数量,因为会有一部分顾客在听到排队信息后选择离开系统而不接受服务,也就是顾客进入系统的实际到达率发生了变化,这就导致了系统所需的服务员数量发生变化。呼叫中心的运营目标是在保证顾客服务水平的前提下设置最少的服务员,因此需要考虑顾客的行为对系统的影响,将排队信息提示考虑到模型中是十分必要的。

第三节 顾客耐心无限的 M 型多技能呼叫中心

一、模型描述

本节研究的是一个带有排队信息提示的多技能 M 型呼叫中心,系统有两种类型的电话,这两种电话的到达是互相独立的,且分别服从到达率为 λ_1 和 λ_2 的泊松过程。同时系统有 3 类座席组,分别拥有不同的技能,其中座席组 1 只能为电话 1 服务,服务时间服从指数分布,服务率为 μ_1,拥有座席人数为 N_1。座席组 2 只能为电话 2 服务,服务时间服从指数分布,服务率为 μ_2,拥有座席人数为 N_2。座席组 3 既可以为电话 1 服务,也可以为电话 2 服务,服务时间也服从指数分布,服务率为 μ_3,座席人数为 N_3。假设同一座席组对不同电话类型的服务率是相同的,同时假设被接到座席的电话都能够一次性得到满意的服务,即不会出现电话在不同的座席之间转接的情况。

本模型的路由政策是基于技能的路由,不考虑两种不同类型呼叫的重要性。即当呼叫到达时,电话 1(或 2)毫无疑问首先被分配给座席组 1(或 2)服务,而当座席组 1(或 2)全部忙碌时则选择座席组 3 服务,若座席组 3 也全部忙碌,则进入队列 1(或 2)排队等待。当座席结束服务时,座席组 1(或 2)选择电话 1(或 2)进行服务,而对于座席 3,当电话 1 和电话 2

都排队时，则以 1/2 的概率随机选择电话 1 或者电话 2 进行服务。两种类型电话的队列是相互独立的。假设排队空间无限，即电话不会因为排队空间不够而被系统放弃，对于同一类型的电话都是先到先服务。

本模型中不考虑顾客的不耐烦属性，因此对顾客进行排队信息提示对原始模型不会有影响，所以是否通知顾客他们需要等待的排队时间，对系统的性能指标是没有影响的，但是告知顾客他们需要等待的时间，可以大大减少顾客等待过程中的不确定性，从而提高顾客的满意度。

二、顾客排队等待时间的计算

考虑一个新的呼叫到达系统时，有两种可能的情况，一是系统中还有可以为它服务的服务员空闲，则这个新的呼叫将立刻得到服务，不需要等待。因此系统不需要为它提供任何等待信息。另外一种情况就是呼叫到达时，系统可以提供服务的服务员都处于忙碌状态，则它必须在队列中等待服务，系统会对他进行排队信息提示，通知它需要等待的时间。

同样用系统中顾客的数量来定义系统的状态，设 n_1 表示新到达的电话 1 所看到的队列 1 中的电话 1 的数目，n_2 表示新到达的电话 2 所看到的队列 2 中电话 2 的数目，同时设 $n_T = n_1 + n_2$ 表示系统队列 1 和队列 2 中总共的排队人数。具体模型如图 6-5 所示，其中队列 1 中有 n_1 人，队列 2 中有 n_2 人。

下面计算电话 1 和电话 2 的平均等待时间，假设系统服务员处于忙碌状态，且 $n_T = n_1 + n_2 \geq 0$，有电话在队列中等待。这里将电话 1 的等待时间和电话 2 的等待时间分开进行研究。

（一）电话 1 等待时间的计算

假设有一个新到达的电话 1 进入系统，此时系统中电话 1 排队，队列 1 中有 n_1 个电话，电话 2 也排队，队列 2 中有 n_2 个电话。由于本模型路由策略的设置，当座席组 1 服务员都处于忙碌状态时，座席组 3 的服务员也可以为电话 1 服务，此时出现两个座席组同时为电话 1 服务的情况。

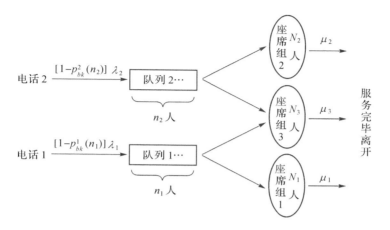

图 6-5　顾客耐心无限的 M 型呼叫中心模型

座席组 1 拥有 N_1 个服务员,服务率为 μ_1,座席组 3 拥有 N_3 个服务员,服务率为 μ_3。座席组 3 以 1/2 的概率为电话 1 服务。新到的电话 1 在队列中等待的时间与电话 2 排队等待的数量无关,同样也与后面到达的电话 1 无关,因为系统是先到先服务的。

设当有一个新的电话 1 到达时,系统中队列 1 中有 n_1 个电话在排队,所有服务台均处于忙碌状态,则新到达的电话 1 必须等待它前面的这 n_1 个电话都进入服务状态,且有一个刚好服务完,它才能进入被服务的状态。系统的服务时间服从指数分布,且均值为 $1/(N_1\mu_1 + N_3\mu_3/2)$,因为此时系统中有大约 $N_1 + (N_3/2)$ 个服务员同时为电话 1 服务,N_1 个服务员的服务率为 μ_1,$(N_3/2)$ 个服务员的服务率为 μ_3。设 $W_{n_1}^1$ 表示电话 1 的实际等待时间,即电话 1 进入系统后在获得服务之前的等待时间,等待时间 $W_{n_1}^1$ 是一个纯灭的随机过程。因此可以得到,新到达的电话 1 的等待时间为 $n_1 + 1$ 个独立同分布的、参数为 $N_1\mu_1 + N_3\mu_3/2$ 的指数随机变量的和,这是一个 $n_1 + 1$ 阶埃尔朗分布。

设 $\upsilon = N_1\mu_1 + N_3\mu_3/2$,则可以得到电话 1 的等待时间 $W_{n_1}^1$ 的概率分布密度函数为

$$f_3(t) = \frac{v(vt)^{n_1}}{n_1!} e^{-vt}, t \geqslant 0 \tag{6-24}$$

分布函数为

$$F_3(t) = 1 - e^{-vt} \sum_{i=0}^{n_1} \frac{(vt)^i}{i!}, t \geqslant 0 \tag{6-25}$$

平均等待时间为

$$E[W_{n_1}^1] = \frac{n_1 + 1}{v} \tag{6-26}$$

方差为

$$D[W_{n_1}^1] = \frac{n_1 + 1}{v^2} \tag{6-27}$$

（二）电话 2 等待时间的计算

电话 2 等待时间的计算方法和电话 1 是一样的。假设有一个新到达的电话 2 进入系统,此时系统中电话 1 排队,队列 1 中有 n_1 个电话,电话 2 也排队,队列 2 中有 n_2 个电话,则这个电话 2 进入服务前,需要等待 n_2 个电话都被服务完,且有一个电话 2 刚好服务完,这个电话 2 才能接受服务。当座席组 2 服务员都处于忙碌状态时,座席组 3 的服务员也可以为电话 2 服务,此时出现两个座席组同时为电话 2 服务的情况。座席组 2 拥有 N_2 个服务员,服务率为 μ_2,座席组 3 拥有 N_3 个服务员,服务率为 μ_3,座席组 3 以 $1/2$ 的概率为电话 2 服务。新到的电话 2 在队列中等待的时间与电话 1 排队等待的数量无关,同样也与后面到达的电话 2 无关,因为系统是先到先服务的。

设 $W_{n_2}^2$ 表示服务 $n_2 + 1$ 个电话 2 的时间,即电话 2 进入系统后在获得服务之前的等待时间。则与电话 1 的等待时间计算类似,可得新到达的电话 2 的等待时间为 $n_2 + 1$ 个独立同分布的、参数为 $N_2\mu_2 + N_3\mu_3/2$ 的指数随机变量的和,这是一个 $n_2 + 1$ 阶埃尔朗分布。

设 $v = N_2\mu_2 + N_3\mu_3/2$,则可以得到电话 2 的等待时间 $W_{n_2}^2$ 的概率分布密度函数为

$$f_4(t) = \frac{\nu(\nu t)^{n_2}}{n_2!} e^{-\nu t}, t \geqslant 0 \qquad (6-28)$$

分布函数为

$$F_4(t) = 1 - e^{-\nu t} \sum_{i=0}^{n_2} \frac{(\nu t)^i}{i!}, t \geqslant 0 \qquad (6-29)$$

平均等待时间为

$$E[W_{n_2}^2] = \frac{n_2 + 1}{\nu^2} \qquad (6-30)$$

第四节　带有不耐烦顾客的 M 型多技能呼叫中心

一、模型描述

在本节中,进一步考虑在模型中加入顾客不耐烦特性,允许顾客在排队等待的过程中因为不耐烦而离开。研究带有排队信息提示和不耐烦顾客的多技能 M 型呼叫中心,系统有两种类型的电话,有三类座席组,模型的描述和本章第三节中一致。但是此处增加了顾客的不耐烦特性,当顾客进入系统后,会听到系统提供的排队信息即需要等待的时间,每个顾客都有一定的耐心值,如果需要等待的时间大于顾客的耐心值,这个顾客将离开系统,不再回来。加入顾客的不耐烦特性后,排队等待时间的计算更加复杂。

假设每一个到达的顾客都有他自己的耐心值,当一个新顾客到达时,如果系统中有可以为他服务的服务员空闲,该顾客将立即得到服务。否则,如果所有座席人员都忙碌,当他听到系统为他提供的排队信息提示超过他的耐心值,则他有一定的概率选择马上离开系统,否则就进入系统排队等待服务,此处假设顾客选择进入队列排队等待后,就不再离开系统。

设当有一个新的电话到达时,队列 1 中的电话 1 的数量为 n_1,队列 2

中电话 2 的数量为 n_2。这里只关注所有服务员都忙的情况,当新的电话到达时,系统会通知顾客需要排队等待的时间,当提示的排队时间大于顾客的耐心值,则顾客会选择直接退出,不再回来。这里设电话 1 的耐心值为 T_1,即电话 1 最大愿意等待的时间,服从参数为 θ_1 的指数分布。电话 2 的耐心值为 T_2,即电话 2 最大愿意等待的时间,服从参数为 θ_2 的指数分布。从前面的分析可见,对于本书的 M 型多技能呼叫中心模型,电话 1 和电话 2 的情况是类似的,因此新到达的电话 1 退出的概率只与 n_1 有关,设为 $P_{bk}^1(n_1)$,新到达的电话 2 退出的概率只和 n_2 有关,设为 $P_{bk}^2(n_2)$。

设 $Y_{n_1}^1$ 为电话 1 到达时前面队列中有 n_1 个电话 1,队列 2 中有 n_2 个电话 2 时,等待时间的随机变量。同样设 $Y_{n_2}^2$ 为电话 2 到达时前面队列 1 中有 n_1 个电话 1,队列 2 中有 n_2 个电话 2 时,等待时间的随机变量。进一步设 $G_{n_1}^1(t)$ 和 $G_{n_2}^2(t)$ 分别为当 $t>0$ 时 $Y_{n_1}^1$ 和 $Y_{n_2}^2$ 的概率密度函数。设呼叫中心为到达的电话 1 和电话 2 提供的估计等待时间为 $w_{n_1}^1$ 和 $w_{n_2}^2$,分别为各自实际等待时间的期望。则当听到提示信息后,电话 1 和电话 2 不耐烦离开的概率分别为

$$P_{bk}^1(n_1)=P(T_1<w_{n_1}^1)=1-e^{-\theta_1 w_{n_1}^1} \tag{6-31}$$

$$P_{bk}^2(n_2)=P(T_2<w_{n_2}^2)=1-e^{-\theta_2 w_{n_2}^2} \tag{6-32}$$

增加了排队信息提示后的系统模型如图 6-6 所示,这里需要注意的是,此处假设顾客的离开决定彼此之间是相互独立的,因此顾客的到达过程仍然是泊松过程。

二、顾客排队等待时间的计算

当一个新的呼叫到达系统时,如果系统中还有可以为它服务的服务员空闲时,则这个新的呼叫将立刻得到服务,不需要等待。因此系统不需要为它提供任何等待信息。当一个新的呼叫到达时,系统可以提供服务的服务员都处于忙碌状态,则该顾客必须在队列中等待服务,系统会对他

进行排队信息提示,通知他需要等待的时间。这里将电话 1 和电话 2 的等待时间 $Y_{n_1}^1$ 和 $Y_{n_2}^2$ 一起来进行研究,首先计算实际的等待时间,接下来进一步计算顾客听到提示信息后的离开概率。

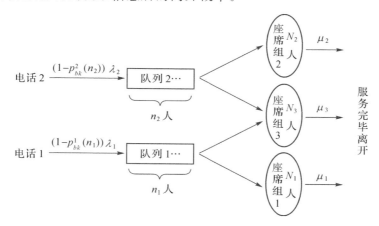

图 6-6　带有不耐烦顾客的 M 型呼叫中心模型

由于本模型路由策略的设置,当电话 1 和电话 2 都排队时,座席组 3 以 1/2 的概率随机为电话 1 和电话 2 服务。座席组 1 拥有 N_1 个服务员,服务率为 μ_1,座席组 2 拥有 N_2 个服务员,服务率为 μ_2。新到的电话 1(或 2)在队列中等待的时间与电话 2(或 1)排队等待的数目无关,同样也与后面到达的电话 1(或 2)无关,因为系统是先到先服务的。

设当有一个新的电话 1(或 2)到达时,系统中队列 1(或 2)中有 n_1(或 n_2)个电话 1(或 2)在排队,所有服务台均处于忙碌状态,则新到达的电话 1(或 2)必须等待它前面的这 n_1(或 n_2)个电话都进入服务状态,且有一个刚好服务完,它才能进入被服务的状态。由于本模型前面的假设为当顾客进入队列排队等待后就不再离开,所以系统电话 1(2)的服务时间服从指数分布,且均值为 $1/(N_1\mu_1 + N_3\mu_3/2)[1/(N_2\mu_2 + N_3\mu_3/2)]$。因为此时系统中有大约 $N_1 + [N_3/2][N_2 + (N_3/2)]$ 个服务员同时为电话 1(或 2)服务,$N_1(N_2)$ 个服务员的服务率为 $\mu_1(\mu_2)$,$(N_3/2)$ 个服务员的服务率为 μ_3。因此可以得到,新到达电话 1(或 2)的等待时间为 n_1+1(或 n_2+

1)个独立同分布的、参数为 $N_1\mu_1 + N_3\mu_3/2(N_2\mu_2 + N_3\mu_3/2)$ 的指数随机变量的和,这是一个 n_1+1(或 n_2+1)阶埃尔朗分布。

设 $\sigma = N_1\mu_1 + N_3\mu_3/2$,则可得电话 1 的等待时间随机变量 $Y_{n_1}^1$ 的概率分布密度函数为

$$G_{n_1}^1(t) = \frac{\sigma(\sigma t)^{n_1}}{n_1!} e^{-\sigma t}, t \geqslant 0 \tag{6-33}$$

平均等待时间为

$$E[Y_{n_1}^1] = \frac{n_1+1}{\sigma} \tag{6-34}$$

方差为

$$D[Y_{n_1}^1] = \frac{n_1+1}{\sigma^2} \tag{6-35}$$

则可以得到系统给电话 1 提供的估计等待时间 $w_{n_1}^1 = E[Y_{n_1}^1]$,则可以计算出电话 1 听到系统提示的等待时间后选择退出的概率为

$$P_{bk}^1(n_1) = P(T_1 < w_{n_1}^1) = 1 - e^{-\theta_1 w_{n_1}^1} \tag{6-36}$$

设 $\omega = N_2\mu_2 + N_3\mu_3/2$,则可得电话 2 的等待时间随机变量 $Y_{n_2}^2$ 的概率分布密度函数为

$$G_{n_2}^2(t) = \frac{\omega(\omega t)^{n_2}}{n_2!} e^{-\omega t}, t s 0 \tag{6-37}$$

平均等待时间为

$$E[Y_{n_2}^2] = \frac{n_2+1}{\omega} \tag{6-38}$$

方差为

$$D[Y_{n_2}^2] = \frac{n_2+1}{\omega^2} \tag{6-39}$$

则可得系统给电话 2 提供的估计等待时间 $w_{n_2}^2 = E[Y_{n_2}^2]$,电话 2 听到系统提示的等待时间后选择退出的概率为

$$P_{bk}^2(n_2) = P(T_2 < w_{n_2}^2) = 1 - e^{-\theta_2 w_{n_2}^2} \tag{6-40}$$

由以上分析可见,对于本书的 M 型模型,顾客耐心无限和带有顾客

不耐烦的模型中等待时间的计算都是一样的,不同的是后者会出现顾客不耐烦离开,而前者不会。

三、排队信息提示对人力需求影响的数值分析

由上一节的分析可以发现,对系统增加排队信息提示后,同样只是对系统的到达率产生影响。顾客在听到排队信息后,可能会由于不耐烦而止步,有一定的概率离开系统;也可能进入队列排队,直到服务完成后再离开。增加了排队信息提示后,会导致实际需要的人力减少,因为实际的到达率变小了。为了进一步验证增加了排队信息提示对系统座席组人力需求的影响,这里和第四章第四节中建立的 M 型多技能呼叫中心人力需求模型进行对比分析。第四章第四节中的模型只是单纯的 M 型模型,没有考虑其他因素,为了对比,将第四章第四节的模型称作模型 2。

表 6-2 是对第四章第五节中的某物流公司呼叫中心的数据进行计算得到的结果,座席组 1 专门为新客户服务,λ_1 和 μ_1 表示新客户发件需求的到达率和服务率。座席组 2 专门为老客户服务,λ_2 和 μ_2 表示老客户发件需求与查询的到达率和服务率。座席组 3 既可以为新客户服务,也可以为老客户服务,服务率为 μ_3。表中选取了 12 个时段的数据进行人力需求计算。3 个座席组的费用分别是 $C_1 = 3$(千元)、$C_2 = 3$(千元)和 $C_3 = 4$(千元),表中费用的单位为千元,时间为 $T_1 = 20$(秒)、$T_2 = 30$(秒)。

表 6-2　最优的座席数目 N_1、N_2 和 N_3 对比结果

时间段	λ_1	μ_1	λ_2	μ_2	μ_3	模型 2				带有排队信息的模型			
						N_1	N_2	N_3	费用/千元	N_1	N_2	N_3	费用/千元
07:00—07:30	26	0.8	48	2.5	1.3	35	20	5	185	28	17	5	155
07:30—08:00	22	0.7	67	2.2	1.0	34	32	5	218	27	26	5	179
08:00—08:30	41	0.8	87	2.8	1.3	54	32	5	278	44	26	5	230
08:30—09:00	58	0.6	83	2.3	1.3	100	37	5	431	81	30	5	353

续表

时间段	λ_1	μ_1	λ_2	μ_2	μ_3	模型2				带有排队信息的模型			
						N_1	N_2	N_3	费用/千元	N_1	N_2	N_3	费用/千元
09:00—09:30	38	0.5	75	2.3	1.1	79	34	5	359	65	27	5	296
09:30—10:00	45	0.5	85	2.6	1.3	94	34	5	404	76	27	5	329
10:00—10:30	39	0.6	76	2.4	1.0	68	33	5	323	55	27	5	266
10:30—11:00	44	0.7	64	1.6	1.0	66	41	5	341	53	34	5	281
11:00—11:30	24	0.5	52	2.5	0.8	51	22	5	239	41	18	5	197
11:30—12:00	23	0.5	52	2.2	1.0	49	25	5	242	40	20	5	200
12:00—12:30	28	0.5	41	2.4	0.8	59	18	5	251	48	15	5	209
12:30—13:00	20	0.7	84	1.2	0.8	31	72	5	329	25	58	5	269

由表6-2的结果可见,对顾客进行排队信息提示确实会影响系统中服务员的数量,因为会有一部分顾客在听到排队信息后选择离开系统而不接受服务,这就导致了系统所需的服务员数量发生变化。而呼叫中心的运营目标是在保证顾客服务水平的前提下,设置最少的服务员,因此需要考虑顾客的行为对系统的影响,将排队信息提示考虑到模型中是十分必要的,可以避免安排过多的服务员而造成浪费。

第五节　本章小结

本章研究了带有排队信息提示的 N 型和 M 型多技能呼叫中心。首先,研究了顾客耐心无限的 N 型模型,系统有两种类型的电话,同时有两个座席组。利用排队模型,分析了当系统内队列 1 和队列 2 都有排队的情况下,再到达一个电话 1 时,其所需要的平均等待时间的计算公式,以及再到达一个电话 2 时,其所需要的平均等待时间的计算公式。

其次,分析了带有不耐烦顾客的 N 型模型。此处的不耐烦是指,当顾客进入系统后,系统会为其提供排队信息,告知需要排队等待的时间,然而每个顾客都有一定的耐心度,当这个等待时间超过顾客的耐心,则这个顾客会马上离开系统,不再回来,否则顾客将进入排队系统等待服务,而当顾客进入队列后则一直等待服务,不会再离开。本章还利用二维马尔科夫过程及生灭过程的相关知识,给出了电话 1 和电话 2 平均等待时间的计算公式,并且进行了数值分析。此外,本章讨论了带有排队信息提示对系统人力需求的影响。根据本模型对顾客不耐烦的假设,通知顾客等待时间只会使部分顾客止步,因此只对系统到达率产生影响。人力需求计算模型与第三章中的模型相同,因此无须重新建立人力需求计算模型,若模型对顾客不耐烦的假设变得更复杂,则需重新建立人力需求模型进行求解。

最后,分析了 M 型模型中顾客耐心无限和含有不耐烦顾客两种情况,给出了当系统内队列 1 和队列 2 都排队时,再到达一个电话 1 时,其所需要的平均等待时间的计算公式,以及再到达一个电话 2 时,其所需要的平均等待时间的计算公式。此外,讨论了带有排队信息提示对系统人力需求的影响并进行了数值分析。

结　论

结　论

随着信息化时代的到来,呼叫中心的作用越来越突出,人们的日常生活越来越离不开呼叫中心,它在社会服务、政府、商业等领域得到了广泛的应用,是企业增加竞争力的有效手段。呼叫中心需要在达到一定的顾客满意度的前提下把运营成本控制到最低,而人力成本是运营成本中最重要的部分,计算出最优的人力需求量,则可以大大降低人力成本,降低人力成本对呼叫中心而言意义重大,因此人力需求计算问题成为呼叫中心最关心的问题之一。本书针对目前实际中广泛应用的多技能呼叫中心的人力需求计算问题进行研究,具有一定的理论和实际意义。

本书主要探讨的是 N 型和 M 型多技能呼叫中心服务水平的求解和人力需求优化计算问题,同时进一步考虑带有不耐烦顾客和带有排队信息提示的呼叫中心模型。主要的创新性成果如下:

(1)研究了 N 型和 M 型多技能呼叫中心的排队模型。与其他状态集合划分的方法不同,提出了利用座席组所处的不同状态进行状态集合划分,将系统的无穷多个状态划分成几个有限的状态集合,从而求出了系统的性能指标,并进一步给出了系统服务水平的解析计算公式。通过数值算例分析验证了本书的服务水平计算公式,既可以计算大型呼叫中心的服务水平,也可以计算中小型呼叫中心的服务水平。

(2)研究了 N 型和 M 型多技能呼叫中心的人力需求优化计算问题。建立了用于求解在满足服务水平的条件下,系统最优的每个座席组的座席数目的优化模型。根据优化模型中变量的特点,采用了隐枚举法对这个高度非线性整数规划问题进行了求解,利用 MATLAB 软件来编程,进一步给出了数值算例。通过数值算例进一步分析了系统中参数的不同取值对结果的影响,同时还进行了实例分析,给出了每个座席组最优的座席数。与传统的 Erlang 经验公式求解人力需求相比较,本书的方法不但给出了总的最优座席数,而且给出了具体每个座席组最优的座席数。

(3)考虑到顾客的不耐烦会对呼叫中心系统的人力需求产生影响,研究了带有不耐烦顾客的 N 型和 M 型多技能呼叫中心模型,更加贴近实际。同样利用排队模型法,给出了服务水平的解析计算公式。建立了人力需求计算模型,并将模型推广到了 k 种电话类型、n 个座席组的情况,使这个模型更具有一般性。根据模型特点,采用了一种改进的蚁群算法来进行求解,进一步通过 MATLAB 软件来编程,给出了数值分析。通过数值分析得到了不耐烦因素对系统的座席数有一定的影响,管理者可以有针对性地解决顾客的不耐烦问题,从而降低人力需求、减少成本。

(4)提出了带有排队信息提示的 N 型和 M 型多技能呼叫中心模型。利用排队理论,给出了顾客耐心无限的 N 型和 M 型多技能呼叫中心每类电话等待时间的计算公式。由于通知顾客排队信息会对顾客的行为产生影响,所以进一步分析带有不耐烦顾客的 N 型和 M 型模型。利用基于马尔科夫链的方法,给出了两种电话等待时间的计算公式,并通过数值分析探讨了增加排队信息提示对系统人力需求的影响。对到达的顾客进行排队信息提示,告知需要排队等待的时间,可以大大增加顾客的满意度,降低顾客的不耐烦程度。

本书充分研究了 N 型和 M 型多技能呼叫中心的人力需求计算问题,同时考虑了带有不耐烦顾客和带有排队信息提示等贴近实际因素的模型。所得研究结果可以为呼叫中心系统的人力需求计算问题提供新的研究思路和理论参考。但实际的多技能呼叫中心更加复杂,类型也是多种多样,本书的研究还远远不够,因此在以下几个方面值得进一步改善和提高:

(1)本书主要研究了顾客到达过程为泊松过程,座席人员的服务时间服从指数分布,顾客的不耐烦时间同样服从指数分布的模型。然而实际生活中,顾客的到达过程可能更复杂,所以可以进一步研究顾客到达过程服从一般分布,服务时间等也服从一般分布的情况。

(2)本书中主要针对 N 型和 M 型多技能呼叫中心进行研究,实际的呼叫中心顾客到达类型不是只有两种,可能会更多,所以可以将模型推广到更一般的多技能模型进行研究,比如系统有 n 种顾客类型、m 个座席组的情况等。

（3）对于具有排队信息提示的多技能模型还可以进一步进行研究，本书只研究了 N 型模型和 M 型模型的等待时间计算，还可以进一步研究其他类型多技能呼叫中心等待时间计算问题等。

参考文献

参考文献

［1］郝俊．基于 Internet 的呼叫中心［D］．北京：北京交通大学，2004：7-10.

［2］Koole G，Mandelbaum A．Queueing Models of Call Centers：An Introduction［J］．Annals of Operations Research，2002，113（1）：41-59.

［3］王贺峰．移动互联网时代呼叫中心服务浅析［J］．计算技术与信息发展，2011（12）：64-65.

［4］中国呼叫中心行业市场调查研究及发展前景预测报告（2015 年版）［R/OL］．（2015-09-03）［2015-12-05］．http：//www.cir.cn/R_ITTongXun/78/HuJiaoZhongXinShiChangXianZhuangYu QianJing.html.

［5］戴韬．大型多技能呼叫中心运作关键问题研究［D］．上海：同济大学，2009：3-20.

［6］Dantzig G B．A Comment on Edie's "Traffic Delays at Toll Booths"［J］．Operations Research，1954，2（3）：339-341.

［7］李大川．呼叫中心业务流不均衡问题研究［D］．北京：北京邮电大学，2008：8-10.

［8］Nijdam J．Forecasting Telecommunications Services Using Box-Jenkins（ARIMA）Models［J］．Telecommunication Journal of Australia，1990，40（1）：31-37.

［9］Erlang A．Solution of Some Problems in the Theory of Probabilities of Significance in Automatic Telephone Exchanges［J］．Post Office Electrical Engineers Journal，1917（13）：5-13.

［10］Baccelli F，Hebuterne G．On Queues with Impatient Customers［J］．Performance'81，North-Holland Publ．Cy，1981，60（4）：327-343.

［11］Whitt W．Improving Service by Informing Customer about Anticipated Delays［J］．Management Science，1999，45（2）：192-207.

169

［12］ Garner O，Mandelbaum A，Reiman M. Designing a Call-center with Impatient Customers ［J］. Manufacturing & Service Operations Management，2002，4(3)：208-227.

［13］ Halfin S，Whitt W. Heavy-traffic Limits for Queues with Many Exponential Servers[J]. Operations Research，1981，29(3)：567-587.

［14］ Erlang A. On the Rational Determination of the Number of Circuits ［M］. Copenhagen：The Copenhagen Telephone Company，1948.

［15］ Borst S，Mandelbaum A，Reiman M. Dimensioning Large Call Centers[J]. Operations Research，2004，52(1)：17-34.

［16］ Palm C. Methods of Judging the Annoyance Caused by Congestion ［J］. Tele. ，1953(2)：1-20.

［17］ Barrer D Y. Queueing with Impatient Customers and Indifferent Clerks[J]. Operations Research，1957，5(5)：644-649.

［18］ Barrer D Y. Queueing with Impatient Customers and Ordered Service[J]. Operations Research，1957，5(5)：650-656.

［19］ Daley D J. General Customer Impatience in the Queue GI/G/1[J]. Journal of Applied Probability，1965，2(1)：186-205.

［20］ Haugen R B，Skogan E. Queueing Systems with Stochastic Time Out[J]. IEEE Transactions on Communications，1980，28(12)：1984-1989.

［21］ Mandelbaum A，sakov A，Zeltyn S. Empirical Analysis of a Call Center[R]. Haifa：Davidson Faculty of Industrial Engineering and Management，Technion Institute，2000：1-10.

［22］ Zohar E，Mandelbaum A，shimikin N. Adaptive Behavior of Impatient Customers in Tele-queues：Theory and empirical Support[J]. Management Science，2002(48)：556-583.

［23］ Zeltyn S，Mandelbaum A. Call Centers with Impatient Customers：

Many-server Asymptotics of the M/M/n+G Queue[J]. Queueing Systems，2005，51(3-4)：361-402.

[24] Whitt W. Engineering Solution of a Basic Call-center Model[J]. Management Science，2005，51(2)：221-235.

[25] Zeltyn S，Mandelbaum A. Call Centers with Impatient Customers：Many-servers Asymptotics of the M/M/n+G Queue[J]. Queueing Systems，2005，51(34)：361-402.

[26] Liu Y，Whitt W. Stabilizing Customer Abandonment in Many-server Queues with Time Varying Arrivals [J]. Operations Research，2012，60(6)：1551-1564.

[27] Kim C，Dudin S，Taramin O，et al. Queueing System MAP/PH/N/N+R with Impatient Heterogeneous Customers as a Model of Call Center[J]. Applied Mathematical Modelling，2013，37(3)：958-976.

[28] Whitt W. Predicting Queuing Delays[J]. Management Science，1999，45(6)：870-888.

[29] Jouini O，Dallery Y. Moments of First Passage Times in General Birth-death Processes[J]. Mathematical Methods of Operations Research，2008，68(1)：49-76.

[30] Ibrahim R，Whitt W. Wait-Time Predictors for Customer Service Systems with Time-Varying Demand and Capacity[J]. Operations Research，2010，59(5)：1106-1118.

[31] Whitt W. Improving Service by Informing Customers about Anticipated Delays[J]. Management Science，1999，45(2)：192-207.

[32] Jouini O，Dallery Y，Nait-Abdallah R. Analysis of the Impact of Team-based Organizations in Call Centers Management [J]. Management Science，2008(54)：400-414.

[33] Jouini O, Dallery Y, Aksin O Z. Call Centers with Delay Information: Models and Insights[J]. Manufacturing & Service Operations Management, 2011, 13(4): 534-548.

[34] Armony M, Shimkin N, Whitt W. The Impact of Delay Announcements in Many-server Queues with Abandonment[J]. Operations Research, 2009, 57(1): 66-81.

[35] Guo P, Zipkin P. Analysis and Comparison of Queues with Different Levels of Delay Information[J]. Management Science, 2007, 53(6): 962-970.

[36] 于淼, 宫俊, 唐加福, 朱华波. 带排队信息提示的呼叫中心人力资源分配方法[J]. 东北大学学报(自然科学版), 2014, 35(1): 1-4.

[37] Jouini O, Akşin O Z, Karaesmen F, et al. Call Center Delay Announcement Using a Newsvendor-like Performance Criterion [J]. Production and Operations Management, 2015, 24(4): 587-604.

[38] Naor P. The Regulation of Queue Size by Levying Tolls[J]. Econometrica, 1969, 37(1): 15-24.

[39] Taylor S. Waiting for Service: The Relation Ship between Delays and Evaluations of Service[J]. Journal of Marketing, 1994(58): 56-69.

[40] Allon G, Bassamboo A, Gurvich I. "We will be Right with You": Managing Customers with Vague Promises [J]. Operations Research, 2011, 59(6): 1382-1394.

[41] Movaghar A. On Queueing with Customer Impatience until the Beginning of Service[J]. Queueing Systems, 1998, 29(2): 337-350.

[42] Brand A, Brand M. On the M(n)/M(n)/s Queue with Impatient Calls[J]. Performance Evaluation, 1999, 35 (1): 1-18.

［43］ Brand A，Brand M. On a Two-queue Priority System with Impatience and Its Application to a Call Center［J］. Methodology and Computing in Applied Probability，1999，1(2)：191-210.

［44］ Green L，Kolesar P，Soares J. Improving the SIPP Approach for Staffing Service Systems that have Cyclic Demands［J］. Operations Research，2001，49(4)：549-564.

［45］ Green L，Kolesar P，Soares J. An Improved Heuristic for Staffing Telephone Call Centers with Limited Operating Hours［J］. Production and Operations Management，2003，12(1)：1-16.

［46］ Armony M，Mandelbaum A. Routing and Staffing in Large-scale Service Systems：The Case of Homogeneous Impatient Customers and Heterogeneous Servers［J］. Operations Research，2011，59(1)：50-65.

［47］ Bassamboo A，Randhawa R S，Zeevi A. Capacity Sizing under Parameter Uncertainty：Safety staffing principles revisited［J］. Management Science，2010，56(10)：1668-1686.

［48］ Koçağa Y L，Armony M，Ward A R. Staffing Call Centers with Uncertain Arrival Rates and Co-sourcing［J］. Production and Operations Management，2015，24(7)：1101-1117.

［49］ Phung-Duc T，Kawanishi K. Multiserver Retrial Queues with After-call Work ［J］. Numerical Algebra，Control and Optimization，2011，1(4)：639-656.

［50］ Phung-Duc T，Kawanishi K. Performance Analysis of Call Centers with Abandonment，Retrial and After-call Work［J］. Performance Evaluation，2014(80)：43-62.

［51］ Roubos A，Koole G，Stolletz R. Service-level Variability of Inbound Call Centers［J］，Manufacturing & Service Operations

Management，2012，14(3)：402-413.

[52] Aktekin T，Soyer R. Bayesian Analysis of Queues with Impatient Customers：Applications to Call Centers[J]. Naval Research Logistics，2012，59(6)：441-456.

[53] Ding S，Remerova M，van der Meia R D，et al. Fluid Approximation of a Call Center Model with Redials and Reconnects [J]. Performance Evaluation，2015(92)：24-39.

[54] 杨学良，李军祥，台玉红. 一种基于蚁群算法的呼叫中心人力需求计算方法[J]. 计算机应用研究，2015，32(7)：1962-1965.

[55] Gans N，Koole G，Mandelbaum A. Telephone Call Centers：Tutorial，Review，and Research Prospects[J]. Manufacturing & Service Operation Management，2003，5(2)：79-141.

[56] Perry M，Nilsson A. Performance Modeling of Automatic Call Distributors：Operator Services Staffing with Heterogeneous Positions[J]. Teletraffic Science & Engineering，1994(1)：1023-1032.

[57] Bhulai S，Koole G. A Queueing Model for Call Blending in Call Centers[J]. IEEE Transactions on Automatic Control，2003(48)：1434-1438.

[58] Gans N，Zhou Y. A Call-routing Problem with Service-level Constraints[J]. Operations Research，2003，51(2)：255-271.

[59] Armony M，Maglaras C. On Customer Contact Centers with a Call-back Option：Customer Decisions，Routing Rules，and System Design[J]. Operations Research，2004，52(2)：271-292.

[60] Armony M，Maglaras C. Contact Centers with a Call-back Option and Real-time Delay Information[J]. Operations Research. 2004，52 (4)：527-545.

［61］Ormeci E，Burnetas A，Emmons H. Dynamic Policies of Admission to a Two Class System Based on Customer Offers［J］. IIE Transactions，2002，34(9)：813-822.

［62］Pekoz E. Optimal Policies for Multi-server Non-preemptive Priority Queues［J］. Queueing Systems，2002，42(1)：91-101.

［63］Stanford D A，Grassmann W K. Bilingual Server Call Centres ［C］//Analysis of Communication Networks：Call centres，Traffic and Performance. Providence：American Mathematical Society，2000：31-47.

［64］Shumsky R. Approximation and Analysis of a Queuing System with Flexible and Specialized Servers［J］. OR Spektrum，2003 (26)：307-330.

［65］Bell S，Williams R. Dynamic Scheduling of a System with Two Parallel Servers in Heavy Traffic with Complete Resource Pooling：Asymptotic Optimality of a Continuous Review Threshold Policy ［J］. Electronic Journal of Probability，2005，10(17)：1044-1115.

［66］Ormeci E. Dynamic Admission Control in a Call Center with One Shared and Two Dedicated Service Facilities ［J］. IEEE Transactions on Automatic Control，2004，49(7)：1157-1161.

［67］戴韬，霍佳震. 一种基于马尔科夫过程的多技能呼叫中心评估方法 ［J］. 系统工程，2008，26(2)：99-103.

［68］张星玥，张艳霞，霍佳震. 多技能呼叫中心的Ⅰ型与Ⅴ型路由策略人力需求仿真分析［J］. 上海管理科学，2012，34(6)：32-35.

［69］Cezik M，L'Ecuyer P. Staffing Multi-skill Call Centers via Linear Programming and Simulation［J］. Management Science，2008，54 (2)：310-323.

［70］Atlason J，Epelman M，Henderson S. Call Center Staffing with

Simulation and Cutting Plane Methods[J]. Annals of Operations Research，2004，127(1-4)：333-358.

[71] Bhulai S，Koole G，Pot A. A Simple Staffing Method for Multi-skill Call Centers [J]. Manufacturing and Service Operations Management ，2008，10(3)：421-428.

[72] Gurvich I，Armony M，Mandelbaum A. Service-level Differentiation in Call Centers with Fully Flexible Servers[J]. Management Science，2008，54(2)：279-294.

[73] Aksin O Z，Harker P T. Modeling a Phone Center：Analysis of a Multi-channel，Multi-resource Processor Shared Loss System[J]. Management Science，2001，47(2)：324-336.

[74] Aksin O Z，Karaesmen E，Ormeci E L. A Review of Workforce Cross-training in Call Centers from an Operations Management Perspective[M]. Boca Raton：The Chemical Rubber Company Press，2007.

[75] Jouini O，Dallery Y，Aksin Z. Queueing Models for Full-flexible Multi-class Call Centers with Real-time Anticipated Delays[J]. Production Economics，2009，120(2)：389-399.

[76] Chevalier P，Shumsky A，Tabordon N. Routing and Staffing in Large Call Centers with Specialized and Fully Flexible Servers[R]. Rochester：Simon Graduate School of Business，University of Rochester，2004.

[77] Shumsky R. Approximation and Analysis of a Queueing System with Flexible and Specialized Servers [J]. Operation Research Spektrum，2003(26)：307-330.

[78] Armony M. Dynamic Routing in Large-scale Service Systems with Heterogeneous Servers[J]. Queueing Systems，2005，51(34)：

287-329.

[79] Armony M，Magiaras C. Contact Centers with a Call-back Option and Real-time Delay Information[J]. Operations Research，2004，52(4)：527-545.

[80] Armony M，Magiaras C. On Customer Contact Centers with a Call-back Option：Customer Decisions，Routing Rules and System Design[J]. Operations Research，2004，52(2)：271-292.

[81] Armony M，Mandelbaum A. Routing and Staffing in Large-Scale Service Systems：The Case of Homogeneous Impatient Customers and Heterogeneous Servers[J]. Operations Research，2011，59(1)：50-65.

[82] Manfred S，Sedols J. Markov Models for Multi-Skill Call Centers [J]. International Journal of Networks and Communications，2012，2(4)：55-61.

[83] Cordone R，Piselli A，Ravizza P，et al. Optimization of Multi-skill Call-centers Contracts and Work-shifts[J]. Service Science，2011，3(1)：67-81.

[84] Avramidis A N，Chan W，L'Écuyer P. Staffing Multi-skill Call-centers via Search Methods and a Performance Approximation[J]. IIE Transactions，2009，41(6)：483-497.

[85] Baron O，Milner J. Staffing to Maximize Profit for Call Centers with Alternate Service-Level Agreements ［J］. Operations Research，2009，57(3)：685-700.

[86] 程凤，霍佳震. 水平穿越法在带有不耐烦顾客的呼叫中心中的建模及应用[J]. 系统工程理论与实践. 2013，33(3)：1247-1254.

[87] 吴佳骥. 多技能呼叫中心人力资源分配调度问题研究[D]. 合肥：中国科学技术大学，2007：51-64.

［88］ Gurvich I, Luedtke J, Tezcan T. Staffing Call Centers with Uncertain Demand Forecasts: A Chance-constrained Optimization Approach[J]. Management Science, 2010, 56(7): 1093-1115.

［89］ Nemhauser G L, Wolsey L A. Integer and Combinatorial Optimization[M]. New Jersey: Wiley Interscience, 1988: 30-45.

［90］ Segal M. The Operator-scheduling Problem: A network-flow Approach[J]. Operations Research, 1974, 22 (4): 808-823.

［91］ Henderson W B, Berry W L. Heuristic Methods for Telephone Operator Shift Scheduling: An Experimental Analysis [J]. Management Science, 1976(22): 1372-1380.

［92］谢传柳，王俊峰，夏正洪，等. 大型呼叫中心排班算法的研究[J]. 计算机工程与设计, 2010(23):5108-5112.

［93］徐迅羽，杨根科. 呼叫中心排班优化模型的研究[J]. 微型电脑应用, 2012, 28(6):55-61.

［94］ Bhulai S, Koole G, Pot A. Simple Methods for Shift Scheduling in Multi-skill Call Centers[J]. Manufacturing and Service Operations Management, 2008, 10(3):411-420.

［95］ Avramidis A N, Chan W, Pierre L. Staffing Multi-skill Call Centers via Search Methods and a Performance Approximation[J]. IIE Transactions, 2009, 41(6):483-497.

［96］ Avramidis A N, Chan W, Gendreau M. Optimizing Daily Agent Scheduling in a Multiskill Call Center[J]. European Journal of Operational Research, 2010, 200(3):822-832.

［97］ Jouini O, Pot A, Koole G, et al. Online Scheduling Policies for Multiclass Call Centers with Impatient Customers[J]. European Journal of Operational Research, 2010, 207(1): 258-268.

［98］ Dietz D C. Practical Scheduling for Call Center Operations[J].

Omega，2011，39（5）：550-557.

［99］戴韬，李军祥. 带柔性休息时间的多技能呼叫中心班次设计［J］. 计算机工程与应用，2015，51（19）：226-230.

［100］苏强，赵飞. 多技能呼叫中心排班算法研究［J］. 系统工程理论与实践，2015，35（1）：239-246.

［101］Mehrotra V，Fama J. Call Center Simulation Modeling：Methods，Challenges， and Opportunities［C］//Simulation Conference. Proceedings of the 2003 winter. New York：IEEE Computer Society，2003：135-143.

［102］Brigandi A，Dragon D，Sheehan M，et al. AT&Ts Call Processing Simulator（CAPS）Operation Design for Inbound Call Centers［J］. Interfaces，1994，24（1）：6-28.

［103］Henderson S，Mason A，Ziedins I，et al. A Heuristic for Determining Efficient Staffing Requirements for Call Centers［R］. Auckland：Department of Engineering Science， University of Auckland,1999：1-15.

［104］Fukunaga A S，Hamilton E，Fama J，et al. Nourbakhsh R. Staff Scheduling for Inbound Call Centers and Customer Contact Centers［J］. AI Magazine，2002，23（4）：822-829.

［105］ Kim J W，Ha S H. Consecutive Staffing Solution Using Simulation in the Contact Center［J］. Industrial Management & Data Systems，2010，110（5）：718-730.

［106］慕红云. 新一代呼叫中心及其应用——大规模跨国实时呼叫中心关键技术的研究［D］. 北京：铁道科学研究院,2007.

［107］Robbins T R，Harrison T P. A Stochastic Programming Model for Scheduling Call Centers with Global Service Level Agreements ［J］. European Journal of Operational Research，2010，207（3）：

1608-1619.

[108] 魏晓. 帕累托法则[J]. 中国工会财会，2009(10)：51.

[109] Thompson G. Labor Staffing and Scheduling Models for Controlling Service Levels[J]. Naval Research Logistics，1997，44 (8)：719-740.

[110] Mandelbaum A，Zeltyn S. Service Engineering in Action：The Palm/Erlang-A Queue，with Applieations to Call Centers[M]// Spath D. Advances in Services Innovations. Berlin：Springer Berlin Heidelberg，2007：17-45.

[111] Anton J. Call Center Management by the Numbers[M]. West Lafayette：Purdue University Press，1997.

[112] 弓志勇. 今天需要多少客服代表上班？——排队论在呼叫中心管理中的应用[J]. 通信企业管理，2005(10)：5-60.

[113] Sisselman M E，Whitt W. Value-based Routing and Preference-based Routing in Customer Contact Centers[J]. Production & Operations Management，2009，16(3)：277-291.

[114] 赵可培. 运筹学[M]. 上海：上海财经大学出版社，2000：388-390.

[115] 唐应辉，唐小我. 排队论——基础与应用[M]. 成都：电子科技大学出版社，2000：1-5.

[116] Cox D R. The Analysis of Non-Markovian Stochastic Processes by the Inclusion of Supplementary Variable [J]. Mathematical Proceedings of the Cambridge Philosophical Society，1955，51 (3)：433-441.

[117] Garnett O，Mandelbaum A，Reiman M. Designing a Call Center with Impatient Customers[J]. Manufacturing & Service Operations Management，2002，4(3)：208-227.

［118］Balas B. Machine Sequencing via Disjunctive Graphs：An Implicit Enumeration Algorithm［J］. Operations Research，1969，17（6）：941-957.

［119］Dorigo M，Maniezzo V，Colorni A. Ant System：Optimization by a Colony of Cooperating Agents［J］. IEEE Transactions on Systems Man & Cybernetics Part B Cybernetics，1996，26（1）：29-41.

［120］赵元鹏，董张卓，李哲. 改进的求解整数规划的蚁群算法［J］. 西安石油大学学报（自然科学版），2013，28（3）：100-103.

［121］高尚，杨静宇. 非线性整数规划的蚁群算法［J］. 南京理工大学学报，2005（29）：126-129.

［122］王爱平，朱永俊，张功营，等. 基于蚁群算法的呼叫中心人力资源分配［J］. 计算机技术与发展，2009，19（3）：204-207.

［123］宋美娜，段云峰，宋俊德. 呼叫中心排队模型综述［J］. 中国数据通信，2003（8）：12-15.

［124］王竝. 基于中小型企业呼叫中心的解决方案［D］. 苏州：苏州大学，2011：21-30.

［125］曹玉枝. 呼叫中心——提升物流业的竞争力［J］. 价值工程，2006，25（2）：57-59.

［126］段海滨. 蚁群算法原理及其应用［M］. 北京：科学出版社，2005：45-50.

附　　录

一、计算 N 型呼叫中心服务水平的程序

```
function [N1,N2]=myfun(a,b,c,d,n1,n2,T1,T2)
t1=Pn1(a,b,n1);
t2=Pn11(a,b,n1);
t3=Pn2(c,d,n2);
t4=Pn22(c,d,n2);
t5=P0(a,b,d,n1,n2,T1);
t6=P00(c,d,n2,T2);
A=[-(c*t3+a*t1),n2*d,0,n1*b,0,0,0;c*t3,-(n2*d+c),
n2*d*t4,0,0,0,0;0,c,-(n2*d*t4+a*t1),0,0,n1*b,0;a*t1,0,
0,-(n1*b+(a+c)*t3),n2*d,0,0;0,a*t1,0,(a+c)*t3,-(n1*b+
n2*d+a+c),n2*d*t4,0;0,0,a*t1,0,a+c,-(n1*b+n2*d*t4+
a),(n1*b+n2*d)*t2;0,0,0,0,0,-a,t2*(n1*b+n2*d);1,1,1,1,
1,1,1];
b=[0,0,0,0,0,0,0,1]';
x=A\b;
N1=1-x(7)*t5;
N2=1-x(3)*t6-x(6)*t6-x(7);
```

二、求解 N 型多技能呼叫中心人力需求问题的程序

```
function [optimal,optimalval]=bianlifa2(a,b,c,d,T1,T2,c1,c2)
i=1;
N=25*40;
A=zeros(N,2);
for n1=floor(a/b)+1:floor(a/b)+25
    for n2=floor(c/d)+1:floor(c/d)+40
```

```
            [A(i,1),A(i,2)]=myfun(a,b,c,d,n1,n2,T1,T2);
            w(i,:)=[n1,n2];
            i=i+1;
        end
    end
    k=1;
    for j =1:N
        if A(j,1)>=0.8 && A(j,2)>=0.8
            B(k)=c1 * w(j,1)+c2 * w(j,2);
            C(k,:)=w(j,:);
            k=k+1;
        end
    end
    [optimalval,minind]=min(B);
    optimal=C(minind,:);
```

三、计算 M 型呼叫中心服务水平的程序

```
function [Psl1,Psl2]=myfun2(a,b,c,d,e,n1,n2,n3,T1,T2)
t1=Pn1(a,b,n1);
t2=Pn11(a,b,n1);
t3=Pn2(c,d,n2);
t4=Pn22(c,d,n2);
t5=Pn31(a,e,n3);
t6=Pn32(c,e,n3);
%t7=Pn311(c,e,n3);
%t8=Pn312(a,c,e,n3);
%t9=Pn333(a,c,e,n3);
```

t10＝P41(a,b,e,n1,n3,T1);

t11＝P45(a,b,e,n1,n3,T1);

t12＝P43(c,d,e,n2,n3,T2);

t13＝P46(c,d,e,n2,n3,T2);

t14＝Pn33(a,c,e,n3);

A＝[c＊t3＋a＊t1,-n2＊d,-n1＊b,0,0,0,0,0,0,0,0,0,0;c＊t3,-(n2＊d＋c＊t6＋a＊t1),0,n3＊e,n1＊b,0,0,0,0,0,0,0,0;a＊t1,0,-(n1＊b＋c＊t3＋a＊t5),0,n2＊d,n3＊e,0,0,0,0,0,0,0;0,c＊t6,0,-(n3＊e＋c＋a＊t1),0,0,n2＊d＊t4,n1＊b,0,0,0,0,0;0,a＊t1,c＊t3,0,-(n1＊b＋n2＊d＋(a＋c)＊t14),0,0,n3＊e,0,0,0,0,0;0,0,a＊t5,0,0,-(n3＊e＋c＊t3＋a),0,n2＊d,(n1＊b＋n3＊e)＊t2,0,0,0;0,0,0,c,0,0,-((n2＊d＋n3＊e)＊t4＋a＊t1),0,0,n1＊b,0,0;0,0,0,a＊t1,(a＋c)＊t14,c＊t3,0,-(n1＊b＋n2＊d＋n3＊e＋a＋c),0,(n2＊d＋n3＊e)＊t4,(n1＊b＋n3＊e)＊t2,0,0,0,0,0,0,a,0,0,-((n1＊b＋n3＊e)＊t2＋c＊t3),0,n2＊d,0;0,0,0,0,0,0,t1＊a,c,0,-(n1＊b＋t4＊(n2＊d＋n3＊e)＋a),0,t2＊(n1＊b＋1/2＊n3＊e);0,0,0,0,0,0,0,a,t3＊c,0,-(t2＊(n1＊b＋n3＊e)＋n2＊d＋c),(n2＊d＋1/2＊n3＊e)＊t4;0,0,0,0,0,0,0,0,0,a,c,-((n1＊b＋1/2＊n3＊e)＊t2＋t4＊(n2＊d＋1/2＊n3＊e));1,1,1,1,1,1,1,1,1,1,1,1];

b＝[0,0,0,0,0,0,0,0,0,0,0,0,1]';

x＝A\b;

Psl1＝1-x(9)＊t10-x(11)＊t10-x(12)＊t11;

Psl2＝1-x(7)＊t12-x(10)＊t12-x(12)＊t13;

四、求解 M 型多技能呼叫中心人力需求问题的程序

function [optimal,optimalval]＝bianlifa(a,b,c,d,e,T1,T2,c1,c2,c3)

```
i=1;
N=20 * 20 * 16;
A=zeros(N,2);
for n1=floor(a/b)+1:floor(a/b)+20
    for n2=floor(c/d)+1:floor(c/d)+20
        for n3=5:20
            [A(i,1),A(i,2)]=myfun2(a,b,c,d,e,n1,n2,n3,
T1,T2);
            w(i,:)=[n1,n2,n3];
            i=i+1;
        end
    end
end
k=1;
for j =1:N
    if A(j,1)>=0. 8 && A(j,2)>=0. 8
        B(k)=c1 * w(j,1)+c2 * w(j,2)+c3 * w(j,3);
        C(k,:)=w(j,:);
        k=k+1;
    end
end
[optimalval,minind]=min(B);
optimal=C(minind,:);
```

五、改进的蚁群算法 MATLAB 程序

```
function [R_best,L_best,Shortest_Route,Shortest_Length]=
MyACATSP(C,NC_max,m,Alpha,Beta,Rho,Q)
```

```
%% 　主要符号说明
%% 　C:n 个座席组的所有可选人数矩阵,l×n 的矩阵
%% 　NC_max:蚁群算法 MATLAB 程序最大迭代次数
%% 　m:蚂蚁个数
%% 　Alpha:表征信息素重要程度的参数
%% 　Beta:表征启发式因子重要程度的参数
%% 　Rho:信息素蒸发系数
%% 　Q:表示蚁群算法 MATLAB 程序信息素增加强度系数
%% 　R_best:各代最佳路线
%% 　L_best:各代最佳路线的长度
l=size(C,1);　　%% 　l 表示每个座席组的人数
n=size(C,2);　　%% 　n 表示问题的级数(座席组的个数)
Eta=1./C;
Tau=ones(l,n);
Tabu=zeros(m,n);
NC=1;
R_best=zeros(NC_max,n);
L_best=inf.*ones(NC_max,1);
while NC<=NC_max
for i=1:m
    a=randi(l);
    Tabu(i,1)=a;
end
for j=2:n
  for i=1:m
    P=zeros(1,l);
    for k=1:l
```

```
        P(k)=(Tau(k,j)^Alpha) * (Eta(k,j)^Beta);
    end
    P=P/(sum(P));
    [~,visit]=max(P);
    Tabu(i,j)=visit;
    end
end
if NC>=2
    Tabu(1,:)=R_best(NC-1,:);
end
L=zeros(m,1);
R=zeros(1,n);
for i=1:m
    for j=1:n
        R(j)=C(Tabu(i,j),j);
    end
    L(i)=20 * R(1)+30 * R(2)+40 * R(3);
end
[L_best(NC),pos]=min(L);
R_best(NC,:)=Tabu(pos,:);
NC=NC+1;
N=zeros(1,n);
Delta_Tau=zeros(1,n);
    for i=1:m
    for j=1:n
        for k=1:n
            N(k)=C(Tabu(i,k),k);
```

```
            end
        [Psl1,Psl2]=myfun3(80,1.2,60,1,0.8,2,N(1),N(2),N(3),
0.3,0.5);
            if Psl1>=0.8 && Psl2>=0.8
                Delta_Tau(Tabu(i,j),j)=Q/L(i);
            else Delta_Tau(Tabu(i,j),j)=0;
            end
        end
    end
    Tau=(1-Rho).*Tau+Delta_Tau;
    Tabu=zeros(m,n);
end
[L_best,pos]=min(L_best);
Route=R_best(pos,:);
Shortest_Route=zeros(1,n);
for i=1:n
    Shortest_Route(i)=C(Route(i),i);
end
Shortest_Length=L_best;
```